誰も教えてくれない 基本のもっと基本

教師1年目の学級経営

熱海康太 著

学事出版

はじめに

> 教師になることが決まっているが漠然とした不安がある
> 希望を抱えて教師になったものの何だかうまくいかず、手ごたえがない
> 自分のやり方で行っているが、これが良いのかわからない
> 指導にバリエーションをもちたい

　このような方は、ぜひ、本書を手に取ってほしいと思っています。

　この本は、小学校指導の「基本」をまとめた本です。
　教育の理論というよりは、**「明日から使える」実践的なテクニック、考え方**が中心です。これらのテクニックは、教育DXが正に現在進行形で進む中でも、汎用的に使っていけるものだと思っています。

　まず、漠然とした不安がある時には、「見通しのつかなさ」「選択肢がない状態」が考えられます。この本では、小学校指導で必要な**見通しと選択肢**が得られるでしょう。そして、ここに書かれていることを実践していけば、「**まずクラスは、大崩れしない**」と思っていただいてよいです。

　また、「この実践は自分のやり方と違う」と思われた方は素晴らしいです。指導の選択肢はあればあるほど良いです。大抵の場合、選択肢が一つになることで教師は追い詰められてしまいます。例えば「大きな声を出す」しかなくなってしまうのです。この本で、**多くの指導の選択肢**を得て、現場に出てもらえればと思っています。

　これらは教育理論に基づいた手法です。一つひとつの理論について説明はしていませんが、ここに書かれている実践を行うことでそれを先生自身が体感することができます。皆さんの中に**教育の軸**ができるように、一貫した考えのもと、実践を示しています。

　すぐに効果が出る方法も多く提示しています。児童や先生自身がプラスに変わることを楽しみながら実践してみてください。

もくじ Contents

はじめに 3

Part 1 学級づくり、NGポイントを知れば怖くない！ 7

1 教室環境を整える時に、考えておくことは？ 8
2 子どもたちが整理整頓をできるようにするには？ 10
3 子どもたちが楽しい休み時間を過ごせる指導は？ 12
4 トラブルなく給食指導を行うには？ 14
5 自分から清掃を行いたいと思える心を育てるには？ 16
6 朝の会、帰りの会をスムーズに行うには？ 18
7 盛り上がる楽しいレクは？ 20
8 絵に描いた餅にならない学級目標の立て方は？ 22
9 雨の日でも安全に楽しく過ごすには？ 24
10 係の仕事を子どもたちが忘れずに行うには？ 26
11 効果的な学級通信のあり方とは？ 28
12 子どもが主体的に動くプロジェクト活動とは？ 30
13 子どもの成長につながる通知表とは？ 32
14 充実した夏休みを過ごさせるための事前指導とは？ 34
15 二学期に向けたスムーズな準備とは？ 36
16 夏休み明けのスムーズな学級開きとは？ 38
17 万が一に備えられる防災訓練とは？ 40
18 不登校に対する適切なアプローチとは？ 42
19 学習につまずきのある子への支援は？ 44
20 行動につまずきのある子への支援は？ 46
21 自主学習を加速させるには？ 48
22 学級経営において最適な席替え方法は？ 50

| 23 | 効果的なクレーム対応とは？ | 52 |

Part 2 生活指導、ここを間違えるな！　55

24	子どもたちが時間の見通しを持てる手立てとは？	56
25	子どもたちがすぐに整列できるようにするには？	58
26	子ども同士のトラブル対応で気をつけることは？	60
27	子どもが忘れ物をしてしまった後、どのように指導する？	62
28	子どもたちがあいさつの必要性に気がつく指導とは？	64
29	適切に宿題を出す方法とは？	66
30	トラブルが起きない持ち物に関するルールは？	68
31	子どもたちが適切な言葉遣いができるようになるためには？	70
32	公共の場でのルールを身につけさせるには？	72
33	適切にタブレットを使わせるには？	74
34	自分の身を自分で守れるようになる性教育とは？	76
35	生活習慣を見直せる工夫とは？	78
36	適切な感染症対策とは？	80

Part 3 地雷を踏むな！ありがちな生活指導と声かけ　83

37	「○○さんがやっていたから、自分もやった」に対する声かけとは？	84
38	「学習に前向きになれない」への対応とは？	86
39	大泣き、激怒への最速の対応とは？	88
40	「えこひいきだ」への適切な対応は？	90
41	終始不機嫌で雰囲気を悪くする子への対応は？	92
42	説明上手になるための指導とは？	94
43	作文の苦手を克服する指導方法は？	96

44	より良い走り方の指導とは？	98
45	算数が苦手な子に対する指導とは？	100
46	子どもの認め方とは？	102
47	基本的な話し方、聴き方ができるようになる指導とは？	104
48	指示、発問について留意すべきことは？	106
49	すき間時間の埋め方とは？	108
50	一人ひとりと関わる方法とは？	110
51	やる気を促す方法は？	112
52	子どもの良いところを見つけるには？	114
53	教えるのではなく、子どもから思いを引き出す指導とは？	116
54	教師として、効果的な声の使い方は？	118
55	同僚、管理職との適切な付き合い方は？	120
56	授業や行事等での適切な振り返り方とは？	122
57	教師としてのモチベーション維持の方法は？	124
58	教師としてバランスを保つには？	126
59	漠然とした不安への対処方法は？	128
60	子どもたちに接する上での基本的な考えとは？	130
61	安定した学級経営の基本となる考えとは？	132
62	子どもたちの学びの目的とは？	134
63	楽しい授業の基本とは？	136
64	子どもの将来的な成長を促す行事指導とは？	138
65	授業参観の心構えとは？	140

おわりに ……… 142

Part 1

学級づくり、NGポイントを知れば怖くない！

Part 1 学級づくり、NGポイントを知れば怖くない！

1 教室環境を整える時に、考えておくことは？

教室環境を考える際は、静的（座ってじっくりと集中して学習に向き合うこと）と、動的（アクティブに身体も心も動きながら学習に向き合うこと）な学習環境が両立できる環境整理を意識できるとよいでしょう。

ANSWER

静的な学習環境と動的な学習環境を両立させる

❶ 静的な学習環境を作る

静的な学習環境とは、集中しすい場のことです。言葉にすると難しそうですが、方法としては至って簡単で、「教室の前面をシンプルにする」を意識すればよいです。多くの集中場面では、机は前を向いている状態でしょう。教室の前面はできるだけ、掲示物などを貼らずにスッキリとさせておきましょう。

❷ 動的な学習環境を作る

動的な学習環境とは、子どもが動ける状態の場のことです。動けるとは、身体的にも心情的にもということです。これは、教室の後ろにある程度のスペースを設けることで実現します。なにかあればそこに子どもが集まれるように、椅子やゴザなどを用意している例もあります。活動を促す画用紙やペンなどを近くのロッカーに入れていくのもよいでしょう。

❸ 子どもが考えられる余地を残す

上記の環境整備については、最初は先生が形を作っていきますが、少しずつ子どもたちと一緒に作っていける形が望ましいでしょう。例えば、習字の掲示物などは先生しか手が届かないような高い位置に貼っていないでしょうか。環境に子どもたちが関わることができ、「より良く改善できた」という思いを持たせることを視野に入れておきましょう。

先輩の失敗から学ぶ ゼッタイ避けたい NG ポイント

黒板周りがごちゃごちゃしている

クラス目標を黒板の上に飾り、たくさんの装飾で彩っている場合があります。発達に特性を持つ子どもたちだけでなく、多くの児童がそれらを注視することで、学習に集中できない時間があるかもしれません。どうしても、前に収納しなければならないものがある場合は、カーテン等を設置して隠しておけると良いです。

動けるスペースがない

教室の後ろなどにスペースがない場合、子どもが動的に活動することができなくなります。高学年で大人数など、そもそも教室の大きさに限界がある場合は仕方ないですが、多くの場合は、机の列や配置で工夫が可能です。机や椅子がつまっている部分と少しスペースが確保できる部分と、メリハリのあるレイアウトを考えてみましょう。

汚すぎる or きれいにしすぎる

教室環境は学習をする上で大切で、散らかっていては勉強に集中することや活動することが難しくなってしまいます。子どもたちできれいにすることが難しいなら、初めは先生が中心となって整える必要があります。しかし、それをいつまでも行うのではなく、ありのままの教室を子どもたちに提示し、考えさせることも必要になってきます。

MEMO

子どもたちと考え作っていく

教室のレイアウトは子どもたちと一緒に考えて作ると楽しいです。「畳を敷いて寝ながら本を読みたい」という案が挙がった際には、畳は無理でしたがゴザとクッションで読書スペースを作りました。

Part 1 学級づくり、NGポイントを知れば怖くない！

2 子どもたちが整理整頓をできるようにするには？

整理整頓を言葉で伝えるのはとても難しいのですが、写真（掲示物）や動画で視覚的に示せば、簡単に理解させることができます。また、定期的に片付けの時間を作る、物に名前を書くなどの取り組みも大切です。

視覚化と伴走が大切

❶ 視覚化する
片付けの仕方については、目で見える形で示すことがよいでしょう。ロッカーや机の中であれば、どのような状態が望ましいのか、写真で近くに掲示をしておきましょう。そうすれば、毎回いちいち説明せずとも、多くの児童の理解を促すことができます。衣服のたたみ方などは動画で撮影し、データをいつでも見られるようにしておくと便利です。

❷ 一緒に行う
そもそも、片付けが苦手な児童は、散らかった状態でどこから手をつければよいのかわからない場合があります。やる気がないのではなく、やり方がわからない状態です。そんな時は、一緒に片付けを行い、お手本を教師が見せてあげるとよいでしょう。定期的に全体で片付けの時間を設定し、そこで個別に対応を行います。

❸ 名前を書く、落とし物はその場で確認する
定期的な片付けの時間と共に、自分の物に名前を書く時間も確保するとよいでしょう。そうすれば落とし物があっても、その場で解決することができます。もしも、名前が書いていない場合は、落とし物コーナーに移動させます。ただ、物を大切にする観点から落とし物コーナーは、忘れ物をした子へのレンタルコーナーにもしていました。

先輩の失敗から学ぶ ゼッタイ避けたい NG ポイント

言葉で説明してしまう

片付けの仕方は言えば言うほど、わからなくなってしまうものです。視覚化を基本として、必要な部分だけ言葉で説明することを心がけます。高学年になると視覚化はいらないように思えますが、基本的な生活習慣を確認することが少なくなるからこそ、掲示物やデータなどでは残しておきたいものです。

次に使う時に、使いづらい

一見、きれいに収まっているように見えても、次に使う時に取り出すのに時間がかかるようなことがあると、整理整頓は習慣化しづらくなります。子どもの経験として、「整理整頓をしたから便利になった」を積み重ねて、良さを実感させることが重要です。様々なものを詰め込み過ぎず、物を減らすことがコツです。

完璧をもとめる

整理整頓が得意な子と、苦手な子ではできあがりに大きな差があります。発達に特性がある子にとっては、整理整頓を行うことは見通しのつかない霧の中にいるようなもの。完璧を求めすぎないことです。その子なりに少しでも、物が使いやすくなり、見た目が改善していたら、そこを見つけて大いに褒めてあげましょう。

Part 1 学級づくり、NGポイントを知れば怖くない!

3 子どもたちが楽しい休み時間を過ごせる指導は?

遊ぶだけではなく、トイレや次の授業や活動の準備、授業に向かう心の切り替えを行えるように指導します。そこでは、教師が時間を守る姿勢を見せ、休み時間と授業での場の切り替わりを示すことが重要です。

ANSWER

切り替えを大切にする

❶「準備」も休み時間に行う、と伝える

子どもたちは休み時間＝遊ぶ時間、であると考えています。もちろん、友だちと遊ぶ時間は、子どもにとっては大切なのでそう思えることは健やかに成長している証拠です。ただ、それだけで休み時間を終えてしまうと、今度は大切な授業の時間が減ってしまいます。「もの」と「心」の準備も休み時間中に行えるように粘り強く呼びかけていきましょう。

❷ 時間を守る

❶で述べたように、休み時間は子どもにとって大切です。子どもの大切なものを守ろうとする姿勢は、教師への信頼にも直結します。ですから、授業は定時には必ず終わるようにしましょう。もしどうしても終わらないようであれば、次回はそこから始めればよいのです。時間通りに授業が終わらないと休み時間に入った瞬間、子どものモチベーションは大きく低下します。

❸ トラブルは次の休み時間に指導

休み時間にあったトラブルを授業中に指導するケースもあります。しかし、その指導によって、多くの子が待たされ、そこでまたトラブルが起きるという事態になりかねません。こうすると少しずつ学級の状態は悪くなってしまいます。トラブルは「授業が終わってから聞くよ」とし、始業時間には授業を始めましょう。

先輩の失敗から学ぶ ゼッタイ避けたい NG ポイント

心の準備をさせていない

休み時間に次の時間の準備が難しい場合は、前の時間の最後に準備時間を含めるとよいでしょう。ただ、休み時間中に行わなければいけないのは「心」の準備です。荒れるクラスほど、その切り替えは難しくなります。そのような時には、事前に黒板に簡単な問題を書いておくとよいです。それを休み時間から取り組む子を激賞することでしぜんと良い雰囲気が作られます。

遅れる子を待つ

休み時間のあと、なかなか帰ってこない子、準備が整わない子を待ってあげることは、子どもの成長に逆効果になってしまうことがあります。子どもは遅れても待ってもらえる、と思い、何よりしっかりと時間を守っている子が損をします。定刻で始め、最初にミニゲームなどの楽しい活動を入れていくとよいでしょう。

MEMO

困ったら「増え鬼」

休み時間に運動すると授業中に集中しやすくなります。おすすめなのが、教師一人対クラス全員で行う増え鬼。何人か足の速い子をつかまえれば、教師もそこまで疲れずに済みますよ。

一緒に遊ばない or 遊びすぎる

どんなに技術がなくても子どもに信頼され、「先生、大好き」と言ってもらえる方法があります。それは、子どもと一緒に遊ぶことです。子どもは一緒に遊んでくれる教師を求めています。ただ、教師が一生懸命に遊ぶのは最初だけです。少しずつ距離をおいて、子ども同士で遊べるように促していくことも大切なことです。

Part 1 学級づくり、NGポイントを知れば怖くない！

4 トラブルなく給食指導を行うには？

準備に時間がかかってしまうと、食事や休み時間が少なくなってしまいますが、ルールをはっきりさせ、ルーティン化することができれば教師はそこで丸付けや気になる子の指導などを行うことができます。

ANSWER

 ### ルールを明確にして、ルーティン化する

❶ 準備のルールを明確にする

まずは、当番表を作り、一人一役割り当てましょう。子どもに自由に決めさせるのは二学期以降がよいでしょう。教師が一セット作り、盛り付けの目安を提示します。ある程度、盛り付けられたら、日直が列ごとに呼んでいきます。導線を一方通行になるようにすると、給食落下が少なくなります。

❷ 片付けのルールを明確にする

準備と同じように一方通行の導線で片付けさせます。早く食べ終わった子が騒がしくなってしまったり、激しく移動したりすることを避けるため、食べ終わったあとの片付け、「ごちそうさま」までの時間にできること、を指定しておくとよいでしょう。読書がおすすめですが、落ち着いて行えるようなら歯磨きを先にさせてもよいでしょう。

❸ 食事中のマナーを明確にする

「ちょっと高級なレストランで食べているように」を合言葉にするとよいです。高級なレストランでは、多くの人がおいしい食事と満ち足りた時間を楽しみに来ます。それをみんなで実現するためにはどのようなことに気をつけるとよいのか、を事前に話し合っておきます。必要に応じて「もぐもぐタイム」（食べることに集中する時間）を設定します。

先輩の失敗から学ぶ ゼッタイ避けたい NG ポイント

アレルギーをダブルチェックで確認していない

アレルギーを持つ子にとって、該当食品を摂取することは命に関わります。様々なミスがあると思いますが、これだけは絶対にしてはいけないミスだと強く意識しましょう。アレルギーに該当する食品がないかどうかは大人二人以上の目で確認したいです。難しいようでも、教師が確認したあと、改めて子どもと確認するなど、工夫しなければなりません。

早いもの勝ちになる

給食のおかわりが出る場合に、「早く食べた人から」としてしまうと、早食いになってしまい、誤嚥の危険や行儀として相応しくない行動が出てきます。「おかわりは〇分になったら、食べ終わった人で静かにじゃんけんできる人だけで」というように、ここでもルールをはっきりと決めておくとよいでしょう。

MEMO

時間を意識させる

給食は、時間を意識できる機会でもあります。準備・食事・片付け・歯磨きの時間を示した厚紙を時計の周りにつけて見える化するとよいでしょう。目盛りが減っていく時計の活用もおすすめです。

無理に食べさせる or 嫌いなものはすべて残させる

どんな指導でも極端になってはデメリットが強くなってしまいます。時間を過ぎても無理に食べさせることが問題なのは明白ですが、嫌いだからと「すべて残していいよ」とするのも子どもの成長機会を奪います。「もしかしたら、大人の舌になっているかもしれないから一口は食べてみよう」と促し、手をつけられたら大いに褒めることです。

Part 1 学級づくり、NGポイントを知れば怖くない！

5 自分から清掃を行いたいと思える心を育てるには？

給食と同様、役割の明確化が大切ですが、それだけでは責任感は育っても、主体性の伸張は期待できません。慣れてきたら、自分で選んだ仕事も＋αで行い、自ら働くことの良さに気がつけるようにしていきます。

ANSWER

明確な役割＋自分で選んだ仕事

❶ 明確な役割を与える

清掃を行う際には、ほうきやぞうきん、といった役割について当番表などではっきりさせるようにしましょう。最初のうちから子どもたちに役割決めを任せることは無用なトラブルを生んでしまいます。また、場所、数、時間などもできる限り目安を持たせるとよいです。そうすると、きちんと行っている子を認めやすくもなります。

❷ ＋αの仕事を考える

ただ、いつまでも、教師が役割を決めていると、「自分から」という気持ちを育てることができません。ですから、早く終わった子は「自分で仕事や場所を選んで、ぴかぴかにしてごらん、できたらそれを教えてね」と伝えます。そして、報告があったら、全体にどんどん共有していくと、活動が広がります。

❸ 一緒に掃除をする

掃除をていねいに行ったり、楽しんで行ったりということは、大人の姿を見せて伝えるのが、一番です。誰もが大変だと思うぞうきんがけを前向きな姿勢で行う姿を見せることで、子どもたちもそれを見習うことができます。また、子どもたちの近くで一緒に活動することで普段は見せない子どもたちの良さを発見することもできます。

先輩の失敗から学ぶ ゼッタイ避けたい NG ポイント

✗ 警察官になる

清掃活動をする際に「ほら、ここ！ 全然できていないじゃないか」などと、取り締まりをするようになると、子どもたちの主体性は大きく低下します。できるだけ教師の目を盗んで、更にサボるにはどうすればよいかしか考えが及ばなくなってしまいます。できていることを指摘し、昨日との良い変化を粘り強く認めていきましょう。

✗ 清掃用具が使い物にならない

清掃は「きれいにできた感」も大切です。ほうきが古くゴミを取りづらい、黒板消しがきれいに消えないなどはないでしょうか。これらは、子どものモチベーションを下げる原因になります。探せば校内にある程度ストックはあるはずです。古いものは躊躇なく交換しましょう。

✗ 理由を説明していない

子どもたちは口には出しませんが、「なぜ掃除機を使わないのか」「家と掃除の仕方が違う」という疑問があります。それについてきちんと説明をすることも必要です。予算的な問題やていねいに清掃に向き合う意味を、真正面から伝え、必要なら議論を行います。そのような疑問の一つひとつが子どもの大切な経験になるのです。

Part 1 学級づくり、NGポイントを知れば怖くない!

6 朝の会、帰りの会を スムーズに行うには?

朝の会は、主に一日の見通しを持たせる構成でできるだけシンプルに。帰りの会はそれ以上にシンプルにします。子どもたちが放課後を楽しみに待っているところに、長々とした話などはあまり意味がありません。

朝の会では見通しを、帰りの会はよりシンプルに

❶ 朝の会では見通しを伝える
あいさつや健康観察などを行ったあとの先生の話は、今日一日の見通しを持てるものであることを心がけましょう。時間割などを示し、目でも把握できるとよいでしょう。これは、発達に特性のある子の理解を促し、心を落ち着かせるだけではなく、ほかの子にとっても一日をスムーズに過ごすために重要なことです。

❷ 帰りの会はすぐに終わらせる
基本的に帰りの会のプログラムは、教師の話とあいさつくらいにします。また、教師の話については、本当に長く話さなければならないことは、その前の授業の中で話します。その方が内容を真剣に聞くことができるからです。最後は、全員でじゃんけんなどをして楽しく一日を終わらせるのがよいでしょう。

❸ 必要に応じてカスタマイズする
最初は本当にシンプルにあいさつと連絡事項だけで良いと考えています。ただ、学級が成熟してくると、「ここでプロジェクト活動の連絡をしたい」とか「歌を歌いたい」などの言葉が子どもたちから出てくることがあります。その時に初めて、内容をカスタマイズしていけばよいのです。

先輩の失敗から学ぶ ゼッタイ避けたい NG ポイント

ダラダラと長い

朝の会がダラダラ長かったらどうでしょうか。子どもたちは授業を始める前に疲れてしまいます。最初から多くのプログラムを詰め込むことは、マイナスしかないでしょう。ただ、クラスで必要なことがあったり、子どもたちに関連した問題があったりした場合に、自然発生的に長くなることはあるでしょう。

難しい活動がある

一分間スピーチなどの活動をプログラムに組み込む場合もあります。ただ、これはクラスが安定して、そのような活動を行っても大丈夫だと判断した場合に行います。クラスが落ち着かない状態でこれを行うと、スピーチをする方も聞く方もストレスがかかってしまいます。少し難しい活動を入れる際には、学級状況を十分に考慮しましょう。

MEMO

スーパーじゃんけん

子どもたちの雰囲気があまり良くないと思ったら、帰りの会の最後にスーパーじゃんけんをおすすめします。これは、勝っても、負けても、あいこでもとにかく喜ぶというシンプルで楽しいものです。

日直が困る

日直が司会を進めることが多いと思います。話をするのが得意な子も、苦手な子もいるでしょう。苦手な子には、台本を用意しておくことが大切です。時には、教師がサポートするなどの配慮も必要です。そもそも、会の構成をシンプルにしておけば、それらの負担も大きくはなりません。

Part 1 学級づくり、NGポイントを知れば怖くない！

7 盛り上がる楽しいレクは？

学級開きの日にレクを行うことで「学校は楽しい」という印象を与えることができ、良い雰囲気の中で学校生活をスタートさせることができます。ここでは様々な盛り上がりが期待できるゲームを三種紹介します。

ANSWER

 猛獣狩り、宝探し、ヘリウムリング

❶ 猛獣狩り
「猛獣狩りにいこーよ？」という掛け声のあとに、「ライオン」などと言い、その文字数で集まって座る（ライオンなら四文字なので、四人組で座る）ゲームです。余ってしまう子には、教師が簡単なインタビュー（好きな食べ物は？ 好きなことは？ など）をします。子どもたち自身を理解することができるゲームです。

❷ 宝探し
折り紙を四分の一くらいに切った紙にメッセージ（ポジティブなもの）を書いて、教室のどこかに隠します。隠すのは、朝の時間から三時間目までなど、少し長く区切るとよいでしょう（その間に見つけてしまったら、そっと見なかったふりをする）。一人二つくらいまで作り、まずは一人が探してよいのは一つまでとすると、みんな一つは見つけられることになります。

❸ ヘリウムリング
四～五人で丸くなって、フラフープを人差し指に乗せて、みんなの指が離れないようにしながら、下に着地させるというゲームです（右イラスト参照）。これは、ほかのグループと競うのではなく、チャレンジをするものとして紹介するのがコツです。指が離れないようにすると、どんどんフラフープが上昇してしまいますが、これをコミュニケーションによって解決していきます。

先輩の失敗から学ぶ ゼッタイ避けたい NG✕ ポイント

✕ 勝ち負けを提示する

特に学級が始まったばかりの頃は、できるだけ勝ち負けという概念を持ち出さないようにしていました。勝ち負けにこだわるあまり、雰囲気が悪くなってしまうということは往々にしてあります。ここでは、システム上、勝ち負けを意識しなくても楽しめるゲームにすること、そしてその価値を子どもたちに伝えておくことが大切です。

✕ 強い指導をする

子どもたちの行動が教師の価値観と違うことがあるかもしれません。その場合でも、子どもの気持ちを十分に受け入れた上で、助言をするようにしましょう。これらのゲームで大切なのは、子どもたちが各々理解することです。ここで教師が強すぎる主張をすると、教師の意図を深読みして、本来の目的に乗れない子どもが多くなってしまいます。

✕ 教師だけが仕切る

例えば、猛獣狩りなどは教師が最初に行っていた言葉の部分(「ライオン」などという部分)を子どもに任せることができます。教師がまずはどんどんと雰囲気を作り、進めることは盛り上げるためには必要ですが、今後の学級のことを考えると、全体を牽引して活躍できる子を見つけてみるのも一考です。

「ヘリウムリング」はプロジェクトアドベンチャーというアクティビティ(参考：https://www.pajapan.com/program/program-about/)で、勝ち負けではなく、チームのコミュニケーションを大切に、物事を達成させることを目的としています。いくつかのアクティビティを調べてレパートリーを持っておくことがおすすめです。

Part 1 学級づくり、NGポイントを知れば怖くない！

8 絵に描いた餅にならない学級目標の立て方は？

立てた学級目標が絵に描いた餅になり、いつしか「学級目標ってなんだったっけ？」となってしまうことがあります。そうならないためには、目標が適切であることと、適宜そこに立ち戻ることが必要です。

ANSWER

子どもたちの実態を反映し、都度フィードバックする

❶ 学級の実態を把握してから

学級目標を最初の三日間で決める学級もありますが、私はだいたい六月くらいに決めることが多かったように思います。最初の三日間では、子どもたちの実態がよく見えていないことや、子どもたち自身も課題を実感していないからです。これらのことが見えてきたら、それに応じた目標を立てるとよいでしょう。

❷ 学級目標はどんな時も最上位の目標になるようにする

学級目標は、学級経営を考える上で、常に最上位の目標とすることが大切です。運動会の練習をする時、学級で問題が起こった時、学級目標に対して子どもたちがどのように行動すべきなのかの指針を示していきたいです。教師がそのような姿勢で臨むことで、目標は絵に描いた餅にならず、学級経営にも一貫性を持たせられます。

❸ とにかく多く振り返る

振り返る頻度が低ければ、どんなに良い掲示物を作って目標を掲げていても、忘れられてしまいます。授業の振り返りシートに学級目標の要素を入れる、行事の目標設定には学級目標との関連を意識させるなど、常に登場する場面を意識しておきます。ただし、振り返りがルーティンになるような帰りの会での定例の確認などはあまり意味がありません。

先輩の失敗から学ぶ ゼッタイ避けたい NG✗ ポイント

✗ 子どもたちの困り感に即していない

教師がクラス目標を一人で考えると、学年目標などから逆算した形になることが多いように思います。ただ、子どもたちはもっと生活に近いところに困り感を抱いているかもしれません。目の前の目標ばかりでもよくありませんが、もしそうだとしても「この目標は達成したから、次の目標を立てよう」とすることもできます。子どもの意見をよく聴くことが大切です。

✗ 主語が「わたしたち」になっていない

子どもの意見を聴く際にも、クラスの中で主張が強い子だけの思いになってしまうと愛着があまりないものになってしまいます。全体で決めるだけではなく、その前にグループでブレインストーミングを行うなどして、より多くの子が意見を言いやすいようにしておくとよいです。付箋を使ったＫＪ法などのやり方を調べてみるとよいでしょう。

✗ 掲示物等を教師だけで作る

クラス目標を可視化し、象徴するものを飾ることも目標を子どもたちが忘れないためには必要です。ただ、これを教師だけで作ると、その掲示物は風景と同化してしまいます。掲示物に全員が参加する、省略した合言葉を考える、マスコットキャラクターを作成する、これらのことを子ども主体で（または、そう思えるように）進めていくことが重要です。

MEMO

抽象と具体の提示

抽象的な目標では、具体的にどのような行動が必要なのかがイメージしにくくなります。逆に具体的すぎる目標も、共通言語がなくなってしまい不便です。目標には抽象と具体の両方が必要です。

Part 1 学級づくり、NGポイントを知れば怖くない！

9 雨の日でも安全に楽しく過ごすには？

雨の日は廊下が滑りやすい、荷物（傘）が増えるなど、トラブルの原因になりやすいものが多い状態。これを防ぎ、楽しく過ごすためには、あらかじめ起こりそうなことと、その対処法を考えさせることが必要です。

ANSWER

雨の日に起こりそうなことを予想させておく

❶ どんな危険があるか予想させる

雨の日には、どのような危険がありそうなのか、朝の段階で予想をさせておくとよいでしょう。床が滑りやすくなったり、教室で過ごす人が増えたりするため、友だちとぶつかることがあります。それと同時に、そうした危険を防ぐためには、どのような方法や心構えがあるのかを具体的に出させていくとよいでしょう。

❷ どんなトラブルがあるかを予想させる

雨の日には危険なことばかりではなく、けんかなどの発生もあります。教室で遊ぶ子の人数が増えたり、遊び慣れていなかったりもあって、けんかなどが起きやすくなります。このようなことを事前に予想、対策を立てさせておくことで、トラブルを回避することができます。

❸ 傘や衣服の始末を伝える

傘のしまい方や、濡れてしまった衣服の始末（体育着に着替えて、ハンガーにかけて乾かすなど）は、年度当初に全員で確認をしましょう。これらのことは、できている子はできているが、できていない子は学年が上がってもそのままということがあるからです。どこにどう始末し、それにより、どのようなメリットがあるのかをていねいに確認したいものです。

先輩の失敗から学ぶ ゼッタイ避けたい NG ポイント

✕ 事故やトラブルがあってから指導する

雨の日の指導に限らないことですが、多くの事故やトラブルは事前に子どもたちに予想をさせ、対策を考えさせておくことで多くのことを回避できます。「今日は雨が降っているね。実は心配なことがあるんだ。なんだかわかる？」のような投げかけを行うことで、子どもたちは考えやすくなるでしょう。

✕ 遊びを具体的に提示していない

「教室で仲良く遊びましょうね」は、あまり意味がありません。走り回ったり、物を投げたりすることが仲良く遊ぶことだと思っている子もいるでしょう。雨の日に、周りに配慮して遊ぶには、どのような遊び方があるのか具体的に挙げさせ、また避けたい遊び方についても考えさせておきましょう。

MEMO

読み聞かせのチャンス

子どもたちは高学年になっても意外と読み聞かせが好きです。雨の日はそのチャンスと考えて、じっくりと読み聞かせをしてみてはどうでしょう。いつもとは違う方向から情緒を豊かにする刺激となると思います。

✕ 雨の日の準備ができていない

傘立てに名前のラベルは貼ってあるでしょうか。濡れた服を乾かせるようなハンガーを自宅から持ってきているでしょうか。雨の日に使えるカードゲームや読み聞かせの本は用意してあるでしょうか。このようなものを事前に用意しておくと、雨の日の子どもたちの動きは、グッとスムーズになります。

Part 1 学級づくり、NGポイントを知れば怖くない！

10 係の仕事を子どもたちが忘れずに行うには？

定義は様々ありますが、ここでいう係活動とは、クラスの中でなくてはならない役割を担う活動のことです。そのため、可視化できるチェック機能など、子どもたちが忘れず行える仕組みが必要です。

ANSWER

一人一役、チェックできる仕組みを作る

❶ 子どもたちと相談して決める

一年生以外は今までの学校生活から、クラスにはどのような係が必要なのか考えることができます。子どもたちと相談をして、役割を出させ、状況によって精選していくことで仕事への納得感や責任感が変わってきます。また、一年生であっても、生活経験の中で想像できることがあるので、あれこれ考えさせることは大切です。

❷ 一人一役で行う

係が何人かいると協力して行うことができる一方で、それに甘えて仕事をまったく行わないメンバーが出てくることがあります。できれば、一人一役で、必ず担わなければならない仕事を与えたいです。どうしても難しい場合でも、係内で役割を分担することになりますが、公平になっているかは確認しましょう。

❸ 可視化できるチェック機能を用意する

行ったか行っていないのかを可視化できるチェック機能があるとよいでしょう。そこでICTを使うのがベストです。ただ、アナログでも名前と係を書いた厚紙をゴムで結び、仕事を行ったら裏返すのはわかりやすい方法です。全員裏返すと絵が完成するような楽しいものであれば、子どもたちが声を掛け合うきっかけになります。

先輩の失敗から学ぶ ゼッタイ避けたい NG ポイント

不要なものを係とする

例えば、教室の電気をつける係は必要でしょうか。これらは気づいた人が行えばよいことですし、タイミングよく係の子が教室に帰ってくるということもないでしょう。今までの学年ではあった係についても、発達段階の変化を考えるとこのように不要になるものもあるかもしれません。

休みの子の仕事が残ってしまう

お休みなどの理由で、一人一役がどうしてもこなせない状況はあるでしょう。このような時には、誰かがフレキシブルに行えるクラスであってほしいものです。それを行う大切さを伝え、行った子をしっかりと認めることで相互に助け合う風土が培われます。休みの子がいた日こそチャンスなのです。

帰りの会でチェックする

行っていない仕事について帰りの会でチェックをしても、そのあとに仕事を行える時間がありません。給食の時間あたりにみんなで声をかけることができれば、忘れていても昼休みに行うことができます。小まめに声をかけ合うことが理想ですが、状況によってはこのようなタイミングで確認をする時間を設定してもよいでしょう。

Part 1 学級づくり、NGポイントを知れば怖くない！

11 効果的な学級通信のあり方とは？

学級通信は、保護者にクラスの活動のねらいや雰囲気を伝えることができる数少ないツールです。保護者にとって、学校はブラックボックスなので、「クラスの空気感」が伝わるものほど効果的だと言えます。

ANSWER

空気感を伝える学級通信であることを大切にする

❶ 空気感を伝える
学級通信は、形式的に行事や授業の内容を伝えるものではなく、保護者の「クラスは、実際はどうなのだろう」「先生は何を考えているのだろう」に答えるものです。ですので、活動を示したらそこに対するねらいや思いを書くようにします。また、良かったことだけではなく、クラスの課題についても書いていくようにするとよいでしょう。

❷ 子どもたちにも内容を伝える
学級通信は、教師と保護者をつなぐだけのものではなく、教師と保護者と子どもの三者を繋ぎ、より教育に一貫性や関連性を持たせようとするものです。ですから、学級通信を配る際には、子どもたちにも内容を伝えるとよいでしょう。子どもに、特に読んでもらいたい点をお家の方に伝えてもらうことで、家庭で学校のことを話してもらうきっかけになります。

❸ フォーマットを作る
フォーマットはいつも固定しておき、ここに写真を入れて、ここに活動内容があり、ワンポイントでコメントが入る、というような型があると書きやすいでしょう。毎回同じフォーマットにすることで忙しい保護者も内容に目を向けやすくなります。

先輩の失敗から学ぶ ゼッタイ避けたい NG ポイント

無理に出す

作文が得意な教師もいれば、その反対の人もいます。学級通信を書くことが負担になったり、目的になったりしては本末転倒です。最初は、ハイペースで出すことは避けた方が無難でしょう。たくさん出されている時期とそうでない時期があると、「何かあったのでは？」と保護者を心配させてしまいます。

個人を扱う際に配慮がない

私が学級通信を出していた時、個人名の掲載は避けていました。なぜなら、個人の登場回数や名前の確認など、本質でない部分に手間と時間がかかってしまうからです。それでも個人を登場させたい場合には、登場回数が偏らないように記録をし、名前は正式な名簿（保護者の意向を反映した名簿）からコピーするようにしましょう。

MEMO

学年の教師との足並み

あなたは毎日出したいと思っても、学年のほかのクラスの教師との足並みを合わせることを忘れずに。足並みがそろわないことでのデメリットは、結果的に子どものマイナスとなってしまいます。

みんな読んでいると思う

一生懸命書いている学級通信ですが、一生懸命読んでくださるのは、クラスの一部というのが現実です。ほとんどは、さっと読んでおしまい。家で出さない子もいますし、出しても目も通さない家庭もあります。気が向いた時に読んでもらって少しでも理解が深まればいい、くらいの気持ちで細く長く続けていくのがよいでしょう。

Part 1 学級づくり、NGポイントを知れば怖くない！

12 子どもが主体的に動く プロジェクト活動とは？

係活動とは異なり、「やりたい人がやりたい時にやりたいこと」を行うのがプロジェクト活動。ただし、「クラスのみんなのためになること」という条件をつけます。この点をどう活かすかがカギになります。

ANSWER

型を示し、ツールを与える

❶ 好きなことをやる
プロジェクト活動は自由な活動なので、「クラスのためになる」のであれば、禁止事項はありません（もちろん、危険なことは×です。誰かがケガをすることはそもそも「クラスのため」ではありません）。新聞プロジェクトが四つ乱立していてもよいですし、一人がたくさんのプロジェクトを行っていても構いません。

❷ 型を示す
自由な活動だからこそ、型が必要です。まったくの自由では、力のある子の独壇場になってしまうだけです。ですから、いくつものプロジェクトを考えられる例（漫画プロジェクト、クイズプロジェクト、ドッジボールレクチャープロジェクトなど）を多く示していくのがよいでしょう。また、プロジェクト計画書などの枠を作ると活動が可視化されます。

❸ 時、場所、道具を用意する
活動を決めても、時、場所、道具がなければ活動は盛り上がりません。例えば、帰りの会の前にダンスプロジェクトが発表できる、教室の後ろの机は作業スペースにできる、ロッカーの画用紙やペンは使っていいなど、子どもたちが使うことのできる時、場所、道具を明確にしておきましょう。

先輩の失敗から学ぶ ゼッタイ避けたい NG ポイント

教師が盛り上げる

教師が盛り上げようとする圧ほど子どもの主体性を奪うものはありません。活動が盛り上がらないと、ついつい教師主導で進めたくなるかもしれませんが、我慢が大切です。例えば、理科で外に出た時に「虫飼いたいな」の声があったら「それプロジェクトでやってみたら」と軽く勧めるなど、強引でないくらいに伝えるのがよいでしょう。

プロジェクトが潰れることを避けさせる

プロジェクトを成功させようと教師が手を貸し過ぎることは、子どもの創意工夫の意欲を奪います。最初の滑り出しの部分でアドバイスをするのは良いですが、そのあとのプロジェクトの結果は見守りましょう。需要のないプロジェクトは続かないですし、需要があっても無理があるものもまた潰れていきます。そのすべてが経験です。

MEMO

タイ語プロジェクト

タイからの転校生に子どもたちが日本語を教え、三カ月で生活に困らないくらいまでマスター。「今度は僕がタイ語をみんなに教える」と主体的にプロジェクトを立ち上げた姿にとても感動しました。

すぐにやめられない

プロジェクト活動は、あくまで子どもがやりたいと思って行う活動です。プロジェクトの途中で仲間とうまくいかなくなったり、活動がつまらなくなったりすることもあるでしょう。このような場合、私は「やめる」こともありだと思っています。学級や学年の活動は粘り強く行わせたい半面、プロジェクト活動は遊びや余裕から学びを得るものだと思っています。

Part 1 学級づくり、NGポイントを知れば怖くない！

13 子どもの成長につながる通知表とは？

通知表を説明なしで渡すと、子どもは◎と△を数えて終わってしまいますが、本来は指導と評価の一体化を促進させ、子どもを次のステップに導くものです。それを子どもと保護者にていねいに伝えたいものです。

指導と評価の一体化を常に意識する

❶ ていねいに説明する
まず、子どもたちには通知表をなぜ渡すのかをていねいに説明しましょう。よくある姿として、◎を数えるだけの例を示し、それでは成長に繋がらないのではないかと考えさせます。「じゃあ、通知表はどのように見ればいいのだろう」と投げかけ、得意や課題を見つけることに目を向けさせたいです。

❷ 一日10分書きためておく
所見に関しては、一気に書こうと思うと、大変ですし、内容も付け焼刃のものになってしまうことがあります。おすすめなのは、毎日放課後十分だけ使って、所見を書きためておくこと。これを行うことで成績の時期が楽になるだけではなく、毎日の子どもたちの様子を俯瞰することも可能になります。

❸ 保護者への理解が大切
通知表で子どもの成長を促すには、なんと言っても保護者の理解を得ることが大切です。どんなに学校で指導をしても、家で◎の数だけを言われてしまえば、やはり子どもはそちらに心を持っていかれてしまうからです。学級通信や懇談会などで、事前に十分に説明を行いましょう。

先輩の失敗から学ぶ ゼッタイ避けたい NG✗ ポイント

✗ 友だちと比べさせる

友だちと比べると、多くの場合、◎の数を数えることになります。私は、通知表を渡す前に、友だちと比べることのデメリットもていねいに説明するようにしました。友だちがどうであったかよりも、自分と向き合うために通知表を使ってほしいと思います。あくまで自己内の変化に注目させたいです。

✗ 重要視しすぎる

通知表の結果は、人生の結果ではありません。そこまで大袈裟でなくても、通知表の結果に一喜一憂する姿はよく見られることです。通知表を先の成長に繋がるツールと捉えるならば、むしろ結果はそれほど重要ではなく、改善点や長所を見つけるためのものと捉えましょう。深刻に重要視しすぎるものでもないということです。

✗ 保護者の賞罰を指摘しない

よくあるのが「◎が増えたらゲームを買ってあげる」「△があったらお小遣いを減らす」などの保護者の言動です。これらは、通知表の指導と評価の一体化の目的とは真逆をいくものです。デメリットが大きいことを保護者には具体的に伝えておく必要があります。通知表が結果になってしまうことは避けたいものです。

Part 1 学級づくり、NGポイントを知れば怖くない！

14 充実した夏休みを過ごさせるための事前指導とは？

夏休みは、目的なく過ごしてしまうとあっという間です。不規則な生活が続くと、成長がないだけでなく、二学期からの生活に支障が出ることがあります。きちんと時間をかけて事前指導を行う必要があります。

ANSWER

安全に、たくさんのことに挑戦させる

❶ 安全面の指導は確実に
犯罪に巻き込まれない指導については「いかのおすし」などを参考に指導をしておきたいです。これは検索をすれば、すぐに内容をつかむことができます。また、水や火（花火）、交通事故などについても実際にあった事例をもとに、真剣にていねいに語り、子どもたちの大切な命を守っていかなくてはなりません。

❷ やりたいことのつまった夏休みに
夏休みの期間は長いです。目的を持って過ごすことで、学校では見られない成長を遂げる子どもたちが多くいます。子どもたちには、まず「やりたい」ことを三分間でできるだけ多く書き出させる活動をします。それをみんなで共有し、更に発想を広げられるようにするとよいでしょう。

❸ みんなと共有する
夏休み中は、❷で考えたことを実行に移します。行動に落とすための具体的な計画は、ワークシートなどを用いて、作成させておくとよいでしょう。そして、夏休み中は、タブレットなどで、リアルタイムに共有するのもおもしろいでしょう。もちろん、家庭の状況は様々ですので、保護者には事前に趣旨説明を行っておきましょう。

先輩の失敗から学ぶ ゼッタイ避けたい NG ポイント

真剣さがない

夏休み前、子どもたちの心は浮足立っていると思います。ただし、夏休み前には、命に関わる指導もしなくてはなりません。その際には、楽しい雰囲気は一旦なくし、真剣に本気で指導をする必要があります。思わぬ事故が起きないようにするために、雰囲気作りが重要になることを肝に銘じましょう。

計画的でない

楽しい夏休みは、当然計画通りには進まないものです。ただ、だからといって、計画がなくていいというわけではありません。日付が書かれた計画シートを作成し、宿題や自分の行いたいことをどこで実行するのか、できれば授業時間内に指導したいところです。

MEMO
命は失ったら戻ってこない

夏休み中の水の事故で教え子の尊い命を失ったことがあります。私がもっときちんと指導していたらと後悔しても後悔しきれません。みなさんには、絶対にそのような思いをしてほしくありません。

宿題のねらいを伝えない

夏休みにはある程度、多くの宿題を出すことでしょう。これを何となく出してはいけません。ドリルには「毎日の勉強習慣をつける」とか読書感想文には「本から自分を成長させるヒントを得る」とか、様々な目的があります。それをきちんと理解させると、子どもたちは宿題に対して前向きに考えることができるようになります。

Part 1 学級づくり、NGポイントを知れば怖くない！

15 二学期に向けたスムーズな準備とは？

教師にも、夏休みは貴重です。多忙な日々から身体や心を解放し、十分に休ませる必要があります。静と動をうまく取り入れながら夏休みを過ごし、二学期に向けてスムーズに発進できるようにしましょう。

ANSWER

よく休み、少し動き、二学期に備える

❶ まずは休む
まずはしっかりと休み、日々の疲れを取ることが基本。疲れを取るのは身体だけではありません。普段は行けないような場所を訪れ、心もリフレッシュさせることが大切です。ダラダラと休むことも時には必要です。一方で、少しだけ計画的にしてみても、満足度の高い夏休みになるでしょう。

❷ 無理のない自己研鑽
夏休みには、全国的に研修会が行われています。そこで、全国の教師の方々と出会うこともモチベーションを上げることに大変役に立ちます。休みの日まで仕事のことをしたくない、という気持ちもわかりますが、一度でも出ると教職に対する考えが根底から変わり、見える世界が変わります。自分を変えたい方はチャレンジしてみてください。

❸ 宿題回収と授業の準備
宿題は紙ベースの物であれば、出席番号順に持ってこさせて、提出の有無を確認していくのが最速です。その際、長机などを用意しておくとスムーズです。また、最近はタブレットを使った宿題なども増えてきましたので、ICTを活用するとスマートです。二学期の授業の準備もできる範囲で進めておくと余裕を持って子どもと接することができます。

先輩の失敗から学ぶ ゼッタイ避けたい NG ポイント

✕ ダラダラしすぎる

休みだからと計画性なく、ずっとダラダラしてしまうのはNGです。逆に満足度が低くなってしまいますし、せっかくの長い時間を無駄に過ごしてしまうのももったいないです。アクティブに休む方法も考慮に入れながら、バランスの良い休暇の仕方をデザインしていきたいものです。

✕ 誰とも会わない

普段、学校と家の往復になりがちな仕事ですが、夏休みこそ、多くの人と出会える時間的な余裕があります。全国的な研修大会に出て多くの教師の方々と交流するのもよいですし、できれば異業種の方や、世代を超えた方とも触れ合いたいところです。そうすることで、今までの価値観が変化する可能性もあります。

MEMO
筑波大学附属小学校の授業

物事を効率良く習熟したい場合のポイントは、トップから攻めることです。筑波大学附属小学校は、日本で一番実践の進んでいる学校の一つです。ぜひ研修会に参加して、モチベーションを上げてください。

✕ 教材研究、準備をしていない

二学期のスタートをスムーズにするために、教材研究、準備はある程度行っておいた方がよいです。その方が子どもたちと余裕を持って交流ができ、学級は安定しやすくなります。子どもたちが登校してくる一週間くらい前からエンジンをかけ始めて働きだすと、始業式の頃にはしっかりと心の準備もできている状態になります。

Part 1 学級づくり、NGポイントを知れば怖くない！

16 夏休み明けのスムーズな学級開きとは？

夏休みは子どもにとって自由時間ですが、夏休み明けに登校するのを渋る子が出てくることも予想されます。二学期の初日はこの不安を払拭し、少しでも楽しい気持ちで過ごせるようにしたいものです。

ANSWER

楽しい活動＆授業で雰囲気を思い出させる

❶ 楽しい活動
プロジェクトアドベンチャーなどの「ゲーム性は強いが勝ち負けはない」という活動を行うとよいでしょう。勝ち負けがあると、「負け」にこだわる子がいた場合に、良い雰囲気で終われない可能性が出てきます。おすすめは「ヘリウムリング」という活動で、丸くなり、フラフープを人差し指に載せて、全員の指が離れないように下ろす、というものです（21ページのイラスト参照）。

❷ 楽しい授業
初日に時間をつくるのは難しいかもしれませんが、ほんの少しだけでも学習の要素のある活動も混ぜて、勉強の楽しさを思い出させていきたいです。一コマ分の授業でなくても、「答えが九になる計算を考える」「九月と言えば……」のような、誰でも一つは答えられるような常時活動がおすすめです。

❸ 余裕を持った笑顔の対応
子どもたちは、それぞれの状態で学校に来るので、それぞれに臨機応変に対応していく必要があります。それには、教師の時間と心の余裕が必要になります。初日の短時間をいかに計画的に扱うかがポイントですが、それが難しいようなら、上記❶❷よりも子どもを笑顔で迎え入れることを優先し、注力しましょう。

先輩の失敗から学ぶ ゼッタイ避けたい NG ポイント

時間に追われる

初日はやらなければならないことも多く、時間に追われていると思います。しかし、子どもたちは期待と不安を抱えて学校に登校してきます。ですから、こちらは時間がなくても心に余裕を持って、子どもたちを受け止めることを優先すべきです。二日目以降でいいことは、思い切って先送りにしましょう。

夏休みの思い出に必要以上にふれる

様々な家庭があります。海外旅行をするような家庭もあれば、ずっと家で一人で過ごさなくてはならないような家庭もあるのです。それを考慮せず、楽しかった話ばかりを聞いていると、その裏で悲しい気持ちを抱えている子どもがいるかもしれません。教師であればそのような全体感も持っておきたいものです。

MEMO

「先生の嘘嘘思い出三択クイズ」

クイズなら「先生の嘘嘘思い出三択クイズ」がおすすめです。これは夏休みに教師が経験した三つのことから、本当の話一つを当てるものです。こうした活動で、休み前の感覚を思い出させることができます。

楽しい活動が一つもない

何か一つは子どもたちが楽しめる活動を入れておきたいです。左ページの❶や❷でもよいですが、時間がなければ「三択クイズ」などでもよいでしょう。とにかく、子どもたちを笑顔にする瞬間がほしいです。時間があるバージョンと時間がないバージョンをそれぞれ用意しておくとよいでしょう。

Part 1 学級づくり、NGポイントを知れば怖くない！

17 万が一に備えられる防災訓練とは？

訓練であろうとも緊張感をもって臨ませることが大切です。ふざけることは許されないとしっかり伝えます。その上で、命を守るための行動を伝え、実行させ、振り返りを行うことで確実に身につけさせましょう。

ANSWER

真剣な雰囲気と命を守る行動の習得

❶ 真剣な雰囲気

万が一の際に全員の命を守るためには、防災訓練から真剣に取り組む必要があります。事前に、その心構えについて伝えておくことが必要です。また、逆に恐怖心が大きくなってしまう子もいるので、その子へのフォローも忘れないようにしたいです。子どもの実態に即した指導が大切です。

❷ シェイクアウト行動、おかしもち

大きな揺れから身体を守るには、姿勢を低く、頭を守り、じっと動かない、というシェイクアウト行動が大切だと伝えておきます。揺れがおさまったら、おさない、かけない、しゃべらない、もどらない、ちかづかないの頭文字の「おかしもち」を合言葉に、迅速に安全な場所に避難するようにします。特に窓ガラスからは遠ざかるようにします。

❸ 振り返る

訓練後は、必ず振り返りを行います。私語の有無など表面的な部分だけではなく、常に自分で考えて、その場に応じた判断ができたかどうかを具体的に振り返っていきます。万が一、本当に大きな地震が起きた場合には、その判断が生死を分けることがあることを押さえていきます。

先輩の失敗から学ぶ ゼッタイ避けたい NG ポイント

事前指導をしない

予告をして訓練を行う場合には、必ずていねいな事前指導を行いましょう。必要な心構えや避難の仕方だけでなく、教師がいつもと違って、緊張感のある毅然とした態度になることも伝えておくとよいでしょう。また、その際に防災頭巾が使用に耐えられるか、教室で危険な場所はないかなども、クラス全員で確認しておきます。

机の天板に頭をつけない

机を大きなヘルメットに見立てたとき、脳幹を守るためには、机の天板にしっかりと頭をつける必要があります。訓練では実際に揺れがあるわけではないのでわかりづらいですが、大きな縦揺れの際には、机ごと激しく動くこともあることを想定しながら、安全な動きを確認していきます。

MEMO

点呼を確実に

避難では点呼が重要になります。訓練でも、できるだけ早く、確実に、全員が避難しているのかを確認します。その際、必ず子どもの顔を見て、点呼し、ケガの有無や体調不良を把握しましょう。

具体的ではない

できる限り、大地震があった際にどのような危険があるのか具体的に伝えます。本番になれば、訓練とはまったく違ったパニックや喧噪が予想されます。訓練との違いも含めて、想像をさせておくだけでも、万が一の時の避難行動は変わっていくでしょう。

Part 1 学級づくり、NGポイントを知れば怖くない！

18 不登校に対する適切なアプローチとは？

教師ならば、クラス全員が元気に登校してほしいと願っているはず。しかし、様々な要因で不登校になってしまう子はいます。その場合は、子どもが今、何を必要としているのかを考え、対応することが重要です。

ANSWER

  ## 防止、早期対応を基本とする

❶ 不登校の防止に努める

不登校になる子には、概ね前兆があります。あまり友だちと一緒にいなくなった、なんだか元気がない、保健室によく行っているなど、普段の行動と異なるようなことがあれば、その子の様子をよく見るようにしましょう。できるだけ早めに手を打つことが必要になります。

❷ 一日でも休んだら確認をする

風邪や腹痛で子どもが学校を休むことはあります。「風邪です」という連絡が来ても、実は体調不良ではなく登校したくなかったということはあります。電話連絡などで保護者にアプローチをすることで、様子を聞きましょう。一日でも休んだら、連絡を入れることを基本としておくとよいでしょう。

❸ 不登校を悪いことと思わない

自分のクラスの子が不登校になると、教師として失敗したかのように捉える人もいます。しかし、不登校には様々な要因があり、教師が原因でない場合もあります。また、教師が原因だと言われる場合も、様々な要素を可能性として考えていくことが必要になります。「不登校を出してしまった」ではなく「苦しんでいる子を発見できた」と考えましょう。

先輩の失敗から学ぶ ゼッタイ避けたい NG ポイント

一人で抱える

不登校へのアプローチを担任教師だけが抱えてしまうと大変ですし、心が追い詰められてしまうこともあります。学年の教師や管理職と、小まめに情報を共有しておきましょう。チームで当たることで、その子にあった支援のアイデアも出やすくなります。学校ごとに支援の流れがある場合にはそれを確認しましょう。

登校をゴールにしない

不登校の子に対するゴールは、登校させることではありません。その子の困り感を解消に向かわせることが大切です。強引な登校刺激よりも、子どもの言葉を引き出し、理由や対処方法を共に探していく方が有意義な時間になることも多いです。まずは、関係者がその現状を認めることから始めていきたいものです。

MEMO

登校刺激は悪か

登校刺激は、根本的なことが解決していないと逆戻りになることが多いのですが、かといって登校刺激ゼロもよくありません。子どもの話を聞き、刺激の強弱が偏らないようにしていくことが重要です。

約束は守る

今日は「二時間目まで」と決めていたのに、登校した際「調子が良さそうだから、ずっといる？」と当初の約束と違う提案をすると、子どもは混乱してしまいます。教師や保護者は子どもと約束したことについては必ず守らなければなりません。その上で、焦らずに何が原因でどのような改善を図っていきたいのかを相談していくようにします。

Part 1 学級づくり、NGポイントを知れば怖くない！

19 学習につまずきのある子への支援は？

指導・支援には、「全体」「特性」「個別」の視点・アプローチ方法があり、それらすべてを包括するのが、指導・支援のユニバーサルデザインという視点です。これを基本にして支援することが大切になります。

ANSWER

ユニバーサルデザインの視点を持つ

❶ 見取る
まずは、個々の子どもたちがどのような困り感、苦手感を持っているのかを見取りましょう。テストや日常の様子などはもちろんですが、前の担任や保護者の話からもそのヒントはあるかもしれません。また、教師自身の違和感も大切にし、その原因がどこにあるのか掘り下げていくことは重要です。

❷ 具体的な支援を考える
どのようなことが苦手か把握することができたら、何をクリアすることができれば解消できるかを考えます。例えば、説明の理解が難しいとしたら、それを視覚的に絵や図で表せば解消できないか、字のバランスを取ることが難しければフレームを示すことで解消できないか、などを考えていきます。

❸ ユニバーサルデザインの授業を作り、個も支援する
上記のことを考えることができたら、教材や授業の構成、声かけの中にそれらを盛り込んでいきます。こうすることで現在は困り感、苦手感のない子の習熟も進みます。また、困り感、苦手感のある子へは個別の対応が必要です。引き継がれてきた支援シートなどを活用しながら、有効な個別の手立てを模索していきたいです。

先輩の失敗から学ぶ ゼッタイ避けたい NG ポイント

✗ できないことをネガティブに捉える

できないことをクリアにする手立てを子ども自身が見つけ、それを解決するための力を身に付けるのが学校という場所です。苦手が多い子ほど、伸びしろが多いとも言えます。テストの点数や成績の良い子は輝ける場が発見しやすいですが、そうでない場合も頑張り、努力していることを見つけて、全体にその素晴らしさを伝えることを続けていきたいです。

✗ できる子がほったらかしになっている

クラスが荒れる原因の一つに、勉強を先取りしている子がつまらないと感じる教室になっていることが挙げられます。大切なのは、一人ひとりを特別扱いすることです。全員を個別に対応することは一コマの授業では難しいかもしれません。ですから、ユニバーサルデザインの授業を基本にすることが重要なのです。

MEMO
特別支援学級の教師から学ぶ

特別支援学級の教師とコミュニケーションはとっていますか？ 交流が薄くなってしまうことは、支援の幅が狭くなることにつながります。普段から交流しつつ、様々な情報を交換していきたいものです。

✗ 特別支援の視点を持っていない

授業の構成、教材教具、説明や話し方などをユニバーサルデザイン化するためには特別支援の視点を持つことが必要です。もし、自分に知識が乏しければ、特別支援学級の教師との連携を深めましょう。また、必要に応じて他機関とも積極的に連携していき、全体や個別での支援体制を構築していきます。

Part 1 学級づくり、NGポイントを知れば怖くない！

20 行動につまずきのある子への支援は？

最重要なのは「どの子も愛する」という教師の思いです。その思いがあれば、指導や声かけ、態度に心理的安全性は表れてくるものです。排他性は、すべての子どもたちにとってマイナスでしかありません。

ANSWER

教師が愛し、手立てを持つ

❶ まず覚悟を持つ

個性豊かな子を持つと、一筋縄ではいかないことは多いです。ただ、時代はより多様性へと向かっています。子どもたちにも様々な個性がある方が、これからの社会により近いと言えるかもしれません。まずは、教師が全員を愛する良いお手本になる、と覚悟を決めることが最重要とも言えるでしょう。

❷ システムを変える

立ち歩きが多い子がいるならば、むしろ合法的に立ち歩ける教え合いの時間を導入する（右ページのイラスト）。暴力をふるう、暴言を吐く子には、怒りを感じた時に避難できる場所を確保する。このように、そもそもの枠組みの部分で改善できることはあるはずです。まずは、どのように枠組みを変更できそうか検討してみましょう。

❸ がんばりを伝える

ここでよくあるのが、「○○だけ、特別扱いされている」という声です。その子が何に困り、何を頑張っているのかを保護者に確認した上で全体に伝えることは有効です。また、その子だけでなく、それ以外の全員の頑張りも定期的に認めていくことです。不満は、「私も認めてほしい」というメッセージなのです。

先輩の失敗から学ぶ ゼッタイ避けたい NG ポイント

✕ 先生が愛さない

「大好きな先生が大好きで大切にしている子を、クラスの子たちも大切にする」。つまり、全員のことを愛し、大好きでいれば、誰かが排除されることはないはずです。まずは、そのスタンスを目指しましょう。

✕ リフレーミングしない

長所と短所は裏表です。困った行動があったとしても、そこを裏返す発想を持てるようにしましょう。また、その考えをクラスにも浸透させていけたらベストです。

✕ 一人で何とかしようとする

思いや技術があっても、手が足りずにできないというのが現実でしょう。そんな時は、周りに積極的にヘルプを出すことも大切です。同僚、管理職だけではなく、保護者や関係機関など、頼れるものにはすべて声をかけ、「使えるものは使う」という泥臭さも教師には必要なスキルです。

MEMO

お世話係にしない

個性のある子の近くに気の利く子を配置する、というのはよくありますが、「その子に任せよう」というスタンスなら✕です。トラブルを防ぐ配置は必要ですが、誰かがお世話係になることは避けましょう。

Part 1 学級づくり、NGポイントを知れば怖くない！

21 自主学習を加速させるには？

宿題の内容は教師が決めることが多いですが、そこに生まれる「学習はやらされるもの」という思いを抱かせず、自主学習を応援する仕組みを作ることが、学びに向かう態度を育成する手立てになります。

ANSWER

型を示し、型破りさせる

❶ ノートを渡し、型を示す
まずは、自主学習ができるノートを配付します。そして、自主学習のスタンダードなパターンを伝えます。子どもたちの主体性を発揮させるためには、むしろ基本の型を教えておかなければ、型破りはできません。お手本のノートの書き方について、まずはていねいに示すところから始めましょう。

❷ 基本メニュー
自主学習ノートは一頁を上下に分けて使うのがよいでしょう。上には国語や算数など学校で習った基本、つまり漢字練習や計算練習、理科のまとめなどに使います。科目を指定したり、教科書から行うことを基準にしたりする中で、選ばせるとよいでしょう。

❸ 自分メニュー
ノートの下半分は、自分で調べたいことや興味のあることを調べるために使います。どのようなことに使えるのかをできる限り、提示をしておきましょう。日記、観察、物語作り、なわとび、工作、お手伝い、キャラクターデザイン、ニュースの解説、うれしかったことベストスリーなど、様々なワクワクするメニューを提示しましょう。

先輩の失敗から学ぶ ゼッタイ避けたい NG✕ ポイント

✕ 基本メニューを やらない

自主学習なので、好きなことだけやればいいという考えもあるでしょうが、私の考えは違います。やはり将来を見据えると、好きなことをやるためには基礎基本の積み重ねも大切だと考えます。その趣旨については、保護者や子どもたちにも説明をして理解を得ておくとよいでしょう。

✕ 自分メニューを 共有しない

教師が示した自分メニュー以外にも、子どもたちは様々な工夫をしたおもしろい自分メニューを考えてきます。それをクラス全体に共有しましょう。そうすることで、真似をする子が多く出てきます。真似ができたら、褒めましょう。真似はマイナスの文脈になりがちですが、多くのイノベーションは真似から始まっていることを伝えていきたいものです。

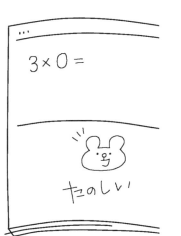

✕ 一年生から行わない

一年生は無理なのではないかという思いから、低学年の実施をためらうケースもありますが、自主学習は、一年生こそ、むしろ効果的だと考えます。一年生は学習の意欲が高く、多くのことに興味を持っています。この思いを、少しずつでもアウトプットする機会として積極的に推奨していきたいものです。

Part 1　学級づくり、NGポイントを知れば怖くない！

22 学級経営において最適な席替え方法は？

席替えと言っても方法は様々です。どの方法を選ぶかは、学級の状態を考慮する必要があるでしょう。また、行う時期も決まったセオリーはないので、いつが最適であるかを考えて、子どもたちに提示しましょう。

教師が決めるか、子どもたちに任せるか

❶ 教師が決める

席替えについては、教師が決めることも多いと思います。配慮しなければならない子がいる場合や、学級全体が落ち着かない場合には教師が戦略的に席を決め、少しでも学級経営をしやすくしておくことが必要です。学習に難がある子は前の席に、まずい人間関係で固めない、リーダーを散らすなどを考慮します。

❷ 子どもたちに任せる

子どもたちに任せる場合でも、その度合いは様々です。まったくの自由にするのか、くじ引きにするのか、男女で別々に決めるのかなど、自由の度合いの調整を考える必要があるでしょう。基本的には、子どもたちの主体性の成長の度合い（または教師がどれだけ主体性を重視していきたいか）で判断します。

❸ 席替えの時期

席替えの時期についても様々です。少なくとも学期に一度は行いたいです。多い場合は、「今日から卒業まで、毎日席替えをしよう」という学級もありますが、どれくらい頻繁に周りの環境が変わった方が良い状況なのかを判断が必要です。環境の変化に敏感な子もいるので、その辺りも考慮に入れたいところです。

先輩の失敗から学ぶ ゼッタイ避けたい NG ポイント

考えなしに「自由で」「くじびきで」

席は、学習を行う上で重要で、学級経営とも直結してくるものです。クラスが安定しない時期から、「自由で」「くじびきで」はリスクがあり、学級が荒れる原因になることもあります。逆に主体性を育てたい場面で毎回教師が決めているのも、学級の成長機会を逸してしまいます。席替えもねらいを持って行いたいものです。

特別な配慮を要する子を考慮しない

目が悪いため、前の席でないといけない子や、大きな音に敏感な子など、配慮が必要な子がいるならば、「自由に」決める場合においてもその子たちへの配慮を忘れないようにしましょう。また、「ずるい」とならないようにクラス全体への説明もていねいに行う必要があります。

MEMO

お見合い方式

この方式では、席は男女隣同士にします。互いに見えないよう男女でくじを引き、席を確定させた後、一斉に席につくという方法です。男女の仲が良く、その良さを生かしたい学級には最適な方法です。

不満を表明させる

「自由に」決める際の一番の留意事項は決まった席に対して、「えー」などの不満の声が上がることです。これがあると学級の雰囲気は一気に悪くなってしまいます。これがあった時点で「席は先生が決める」など毅然とした約束や態度が必要です。ここで、なあなあになってしまうと学級は一気に崩れます。

Part 1 学級づくり、NGポイントを知れば怖くない！

23 効果的なクレーム対応とは？

年々苛烈になっている学校へのクレーム対応では、何よりもまず、初期対応が重要となります。受容と共感を基本に、時には毅然とした対応を取ることも必要です。決して一人で悩み、抱え込まないようにしましょう。

ANSWER

初期対応で受容と共感を大切に

❶ 受容と共感
学校にクレームを入れる保護者の心は落ち着きを失っています。子どものことで慌てていることもあれば、話すことに緊張しているのかもしれません。その際には、事実かどうかは別にして保護者が思っていることを受容する、そして、共感を言葉にすることが重要です。それを十分に繰り返すことも大切です。

❷ 記録をとる
受容と共感を十分すぎるほど行ったら、今度は傾聴を行います。そして、５Ｗ１Ｈで、記録を取っていきます。ただし、ここで事実かどうかを証明するために記録をとるのではないということに気をつけなければいけません。事実かどうかはわからないことも多いので、そこを伝えだすとヤブヘビになることがあります。あくまで議論は未来に向けます。

❸ 一人で対応しない
苛烈なクレームに対しては、最初は担任が受けるとしても、必ずそれを学年や管理職と共有し、複数人で対応することが大切になります。クレームを受けると、自分に非がありそうで言いづらかったり、一人で解決しないといけないと思ったりしがちですが、早めに共有することで結果的に問題解決は早くなり、対応を最小限に留めることができます。

先輩の失敗から学ぶ ゼッタイ避けたい NG ポイント

✗ 口をはさむ

内容が事実と違うと、ついつい口をはさみたくなりますが、そこは我慢が必要です。保護者が言いたいことを、しっかりと聞くことが傾聴です。口をはさむことで、あなたの印象はとても悪くなってしまいます。必ず、あなたの考えを伝えるタイミングはやってくるので、まずはしっかりと保護者の話を聴いてください。

✗ 時間を決めない

最初の相談時以外に、事前にアポイントがあった時には時間を決めるべきです。「16時から来客がありますので」と伝えておき、そこで終わらなければ、次回に行うようにしましょう。長い面談は問題解決には逆効果であるという考えもあります。特にこれは自分の心を守る上でも大切になります。

MEMO

伝え方のコツ

言葉の情報が表情などの視覚情報、声色などの聴覚情報と一致していないと相手に伝わりづらいということが知られています（メラビアンの法則）。これを意識すると、クレーム対応に役立ちます。

✗ すぐに答えてしまう

問題に対して、すぐに回答することは避けましょう。「理由はなんですか？」「具体的にはどういうことでしょう？」「期待とどんなギャップがありましたか？」などの追質問をしてください。保護者の内面にある、本当の意図を知るためには、このようなコーチングの手法も重要になります。

Part 2

生活指導、
ここを間違えるな！

Part 2 生活指導、ここを間違えるな！

24 子どもたちが時間の見通しを持てる手立てとは？

学校は時間の括りで進みます。時間を把握しコントロールすることは、クラスが円滑に進んでいくためにも重要です。時間感覚は、生涯に渡って汎用的な力となるために、日常の中で身に付けさせたいものです。

ANSWER

時間感覚を鍛え、実際の行動に役に立つようにする

❶ 残り時間を可視化する
時間感覚のない子に、見通しをつけさせるのに最適なのが残り時間を可視化できる時計。これは、残り時間が少しずつ減っていき、なくなったらアラームが鳴るというもの。これがあれば、残り時間を常に確認をしながら、活動を行うことができます。

❷ 普段の活動の中で時間を伝えていく
普段の活動の中で「あと五分だよ」「二十分間で行う活動です」など時間を意識させていくことは重要です。また、「何分くらいかかると思う？」など自分がどれくらいの時間を使って、生活を行っているのかを意識させる質問も有効です。これは、見通しを持って、計画を立てる時には必須の力となります。

❸ 準備の時間も考えさせる
時間の感覚はあったとしても、その時間になってから動き出したのでは遅いです。例えば、10時45分からの体育のために校庭に集合するのであれば、着替え＋荷物の整理＋トイレ＋移動などを考えると遅くとも10時35分には準備を始める必要があるでしょう。それぞれに何分ぐらいかかるのかを考えさせて行動の見通しを持てるようにしましょう。

先輩の失敗から学ぶ ゼッタイ避けたい NG ポイント

見通しを持たせない

時間感覚を鍛えるためには、自分の感覚と実際の時間にどれくらい乖離があるのかを知る必要があります。そのため、まずは「三分くらいかかりそうだな」や「十分なら、これくらいまでできるはず」という見通しを持たせてから活動をスタートさせ、終了後にかかった時間を確認させることが大切です。

全体感を示さない

その時間が全体の中でどのような意味を持っているのか知ることで、時間感覚が身に付きやすくなるため、一コマの授業の構成や一日のスケジュールについて、明確に示していくことが大切です。これからの見通しを示すことは指導のユニバーサルデザインという意味でも重要です。

教師が時間を守らない

子どもたちが時間感覚を持ったとしても、時間を大切に扱うことがなければ意味のないものになってしまいます。その思いを持たせるには、まずは、大人が時間をしっかりと守ることが大切です。教師が授業の終了時間を守れていないのに、そこで学ぶ子どもたちに時間を大切にさせることは難しいと心得ましょう。

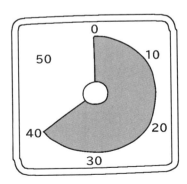

Part 2 生活指導、ここを間違えるな！

25 子どもたちがすぐに整列できるようにするには？

最近は、軍隊のように整列させる指導はあまり適さないとされていますが、集団で移動をする際には、整列をすることが合理的な面もあります。その意味とメリットを理解できるように指導するとよいでしょう。

ANSWER

 意味を理解させ、ゲーム化する

❶ 整列をする意味を伝える

皆さんも小学生の時、整列していた記憶があると思いますが、その意味について教わったことはあるでしょうか。「集団で素早く行動できるので時間を大切にできる」「緊急時に迅速に避難でき、人員確認にも便利」など、なぜ整列が必要なのか理解させると行動が速くなります。

❷ ゲーム的に覚える

整列にはいくつかの種類があるので、覚えるのが苦手な子が遅れてしまうということがあります。ゲーム化することで何回か練習できるとよいでしょう。「教室の中をのんびり散歩したり、遊んだりしていてね。『出席番号順』とか『背の順』と言ったら、すぐに並べるかな？」のような投げかけで、楽しい雰囲気を作ってみましょう。

❸ 前の子の頭を見て、止まる

整列に時間がかかる原因に、ふらふらと動いてしまい、なかなか列が揃わないことが挙げられます。これらを防ぐために「並んだら、前の人の頭を見る」「止まる」を伝えましょう。できれば、一番前の子を基準として、止まれることが理想です。子どもが止まることを覚えると整列時間はかなり短縮されます。

先輩の失敗から学ぶ ゼッタイ避けたい NG ポイント

軍隊的になる

軍隊的に整列させるだけでは、教師がいない時はできなかったり、「言われたことをただやればいい」という思いを持たせてしまったりします。なぜ、整列が必要なのか、精神論ではないメリットを伝えることが必要です。これは、あらゆる指導に共通することと言えるでしょう。

いつまでも「前にならえ」をさせる

「前にならえ」は、前の子との感覚をつかみ、列を整えるのが目的です。最初のうちはこれを行い、きれいに整列することを実感させましょう。ただ、これをいつまでも行うのではなく、「目で前にならえ」や「自分で少し間を開けて並ぼう」と段階を踏んで指導していくと、何も言わずとも並べるようになります。

MEMO

体育の時間の整列を考える

体育で整列して体操や運動をしているのを見ることがあります。徒競走など順番に行うものはわかりますが、それ以外では目的に合った柔軟な方法を検討してもよいのではないでしょうか。

どんな時でも整列させる

「素早く移動できる」「他の人の邪魔にならない」などがある場合は、必ずしも整列することにこだわらなくてもよいでしょう。そこでの目的を考えて、何が良い方法なのか、子どもたちの課題とも合わせて考えるとよいでしょう。方法のメリットとデメリットを提示して子どもたちと話し合ってみましょう。

Part 2 生活指導、ここを間違えるな！

26 子ども同士のトラブル対応で気をつけることは？

子ども同士のトラブルが起きてしまった時、まずは子ども同士を離し、その後、事実を明らかにして保護者を含めた関係者に共有する必要があります。また、子どもの心をしっかりとケアしていくことも大切です。

ANSWER

落ち着かせ、事実を確認して、共有する

❶ 落ち着かせ、負傷の有無を確認する

もし、けんかが起こっていた場合は、子どもたちが興奮していることがあります。まず当人同士を離し、落ち着かせることが肝要です。当人同士を職員室に連れていき、一人に話を聴いている時は、もう一人の児童は他の先生の目の届くところに離れていてもらうのがよいでしょう。なお、すぐに負傷の有無も確認します。

❷ 事実を確認する

事実を確認する際には、必ず一人ずつ行いましょう。もしも、話に齟齬がある場合には、周りで見ていた子に、また一人ひとり確認をしていきます。同じ子でも前に聴き取ったこととは話が違ってくることもありますので、時系列できちんと記録をしておくことも必要です。

❸ 学年の先生、管理職、保護者に共有をする

保護者への連絡を行います。子どもが泣いて帰る場合や、けがをしている場合には、できるだけ子どもが帰宅する前に連絡を入れたいです。ただ、その前に学年主任や管理職にも簡単に伝えておき、今後の対応の方向性の理解は得ておきます。また、特に首から上のけがについては養護教諭とも確実に連携する必要があります。

先輩の失敗から学ぶ ゼッタイ避けたい NG✕ ポイント

✕ 複数に一人ずつ事情を聴く

事情を聴く際、同時に聴けば、またけんかが起きてしまうかもしれません。また、力関係がある子ども同士では本心を言えない場合もあります。複数に一人ずつ聴いていくことは、事実確認の鉄則です。また、「この話をしたことは他の子には言わない」と約束し、安心感のある中で話してもらいます。

✕ 事実確認にこだわりすぎる

目撃した子がおらず、両者の意見が食い違っている場合には、事実確認を行うことは困難です。その場合には「相手は、このように言っているよ。こんなことがまた起きないように対策を考えよう」と、事実にこだわりすぎずに、未来に話を持っていくことが必要です。きちんと記録を取り、事実確認が困難なことを子ども同士にも理解させたいです。

✕ 大きなけがで報告が遅れる

首から上を負傷した疑いがあるなど、大きなけがの際には、報告が遅れると、のちに重大案件に発展してしまうことがあります。とにかく、事情を聴く前に、まずは子どもの負傷の有無をていねいに確認します。そして、負傷をしている場合は養護教諭と連携して、管理職への報告、医療機関の受診、保護者への連絡を迅速に行っていきましょう。

Part 2 生活指導、ここを間違えるな！

27 子どもが忘れ物をしてしまったあと、どのように指導する？

忘れ物をしてしまった時の指導がしっかり行えれば、忘れ物は少なくなってきます。「気をつけなさい」と言うだけでなく、次に挙げる三つを考えさせることで、忘れ物を減らしていくことができます。

ANSWER

明日忘れない方法、ずっと忘れない方法、今日どうするか

❶ 明日忘れない方法を考えさせる

まずは、明日、同じ失敗を繰り返さないためにどうするかを考えさせます。一番よいのは、必ず見るところ（例えば、ランドセルを開けたところ）に付箋を貼っておくことです。そうすれば、必ず家で見ることになるので、明日は持っていくことができるでしょう。まずは、明日への対策から成功体験につなげます。

❷ ずっと忘れない方法を考えさせる

これは、習慣化のための方法を考える、ということです。例えば、洗った上履きを干して取り込んだら、すぐに明日履いていく靴の上に置いておくということを決めるなどが考えられます。そして、決めた行動を繰り返せば定着します。みなさんも家から出る時に財布を忘れることはあまりないと思いますが、それと同じ感覚を作らせるのです。

❸ 今日どうするかを考えさせる

忘れ物指導で一番大切だと思うのは、今日どうするか、ということです。忘れ物は、忘れてしまっても、大抵何かしらの方法で解決できるものです。ですから、子どもたちにはその方法も考えさせたいです。事前に「忘れ物をしても、こんな方法で困らないようにできるよね」と例を挙げておくとよいでしょう。

先輩の失敗から学ぶ ゼッタイ避けたい NG✕ ポイント

✕ 忘れ物をした時に怒る

もちろん、ある程度、厳しく言うことはあるかもしれませんし、それも経験の一つとは言えるでしょう。ただ、叱って圧を与えるよりもここで必要なのは、考えさせることです。怖さが先行すると、考えることがしづらくなってしまいます。左ページの三つを自分の生活に引き寄せて考えられることを応援したいです。

✕ 困らなすぎる or 困りすぎる

まず、忘れたものをすべて教師が貸してくれる環境があるのだとしたら、忘れ物を直す意味はなくなります。せめて、本人がアプローチをしてきたら貸してあげるなど、忘れ物をするとそれなりに面倒なことがあると実感してもらいたいところです。ただ、本人が困りすぎると、次を考える余裕がなくなってしまうので、良い塩梅の中庸を見つけましょう。

✕ 本人の能力のせいと結論づける

多くの忘れ物は、システムによって解消できます。本人が他の子よりも、幼かったり、発達段階が低かったりしても、それに合わせたシステムにしておけばよいのです。多くの問題は、個人の能力ではなくて、仕組みを変えることで解決できます。その発想を、積極的にクラスに持ち込みましょう。

Part 2 生活指導、ここを間違えるな！

28 子どもたちがあいさつの必要性に気がつく指導とは？

あいさつは、強制されるものではありませんが、自分や相手の存在を認めて、コミュニケーションを円滑にするメリットを理解させたいです。子どものコミュニケーションをありのまま認めることから始めましょう。

ANSWER

あいさつの意味を教え、小さなコミュニケーションを全面的に認める

❶ あいさつの意味を指導する

あいさつをする意味には、そのあとのコミュニケーションを円滑にするというものがあります。これは、子どもたちの将来に渡っての汎用的な力となります。また、もっと最初の入口として、「あなたがそこにいることを（いていいことを）私は認めている」という意思表示であることを伝えていきたいです。

❷ あいさつ＋１

あいさつはただ、大きな声ですればよいというものではありません。相手を思いやり、気持ちを伝えようとすることが大切です。そのためには、あいさつにプラスして、「笑顔」や「ジェスチャー」など、何か相手のためにプラスできることはないか考えるとよいでしょう。当然、そのあとの会話など、コミュニケーションにつながれば素敵です。

❸ 目を合わせたことを認める

積極的なコミュニケーションが恥ずかしいと感じる子もいます。特に高学年になると、低学年のように元気いっぱいというのが少なくなるのは当然のことです。ただそこで、目を合わせようとしたことや小さく会釈したことを、しっかりと認めてあげることが大切です。それは子どもが❶の意味をしっかりと理解していると認めていることになります。

先輩の失敗から学ぶ ゼッタイ避けたい NG ポイント

✕ 大きな声を称賛

大きな声でのあいさつは一見、さわやかに思えます。ただ、そこに気持ちが伴っているかを確認する必要があるでしょう。特に低学年は、指導をすればいくらでも大きな声にはなりますが、そこが本質ではないと心得ておきたいものです。あいさつの意味を踏まえた声かけが必要になります。

✕ あいさつをしない子を注意する

あいさつをしないことを注意されると、余計にコミュニケーションは固くなるものです。そのような場合には「目を合わせてくれて、ありがとう」「今日も学校に来てくれて嬉しいよ」など、存在を認める声かけを行っていきます。相手の存在を認める中で、少しでも変化があれば、大きく褒めるとよいでしょう。

MEMO

あいさつは武器

あいさつは「武器」になります。あいさつができれば、苦手な人ともノーリスクで、また、緊張する場面でもコミュニケーションが生まれます。第一印象も良くなるなど、大きなメリットもあります。

✕ 客観視させない

あいさつの本質をしっかりと押さえた上で、自分のあいさつの仕方が相手にどのように届いているのかを客観視させる必要があります。そのためには、動画で撮影を行い、それを見て確認することがわかりやすい方法です。誰かの感想よりも自分で自分の姿を確認する方が、指導の効果が大きいと考えます。

Part 2 生活指導、ここを間違えるな！

29 適切に宿題を出す方法とは？

宿題の目的は二つあります。一つは学習の習慣化です。家庭で一定時間学習する習慣は自律学習の礎になります。もう一つは、学習の定着です。十分×学年を目安として、家庭で学習に向かえるようにしましょう。

ANSWER

できるだけ楽しく取り組める宿題が理想

❶ 習慣化を目指す
宿題は学習の定着を促すものと思われがちですが、それは間違ってはいません。しかし、家庭の状況は様々ですから、習熟についても学校で行うことを基本と考えていきましょう。よって、宿題の主な目的は、学習の習慣化と考えるべきでしょう。習慣化を促せるような楽しく、自由にできる幅の広いものが理想です。

❷ 定着を図る
ただ、そうは言っても、九九や音読など、基本的な力の定着を図る宿題は必要です。学校の時間だけでは、どうしても習熟が間に合わないものについては、自宅でも前向きに取り組めるように、ゲーム化したり、励みになる仕組み（九九カードの工夫など）を作ったりしていきます。

❸ オープンエンド
プリントを解くような宿題がメインになることは、ある程度は仕方ない部分でもあります。ただ、たまには、子どもが自由に思考できる宿題を出すと、違った力を刺激することができます。「『あ』から始まる言葉たくさん見つけ」「答えが七になる計算をできるだけ多く」などがその例です。

先輩の失敗から学ぶ ゼッタイ避けたい NG ポイント

量が多すぎる

宿題の量には充分に留意しましょう。今の子どもたちは放課後も多忙です。学習習慣は必要ですが、それが過度になってしまうと、子どもの睡眠時間を圧迫してしまうことすらあります。クラスの実態を鑑みて量を決めていくほか、高学年では自主勉強の宿題に移行させ、自分で考えて行えるようにしたいです。

教師の負担が多すぎる

毎日、大量の丸付けを抱え、それが負担になってしまって、子どもと関わる時間が少なくなってしまうのは考えものです。授業中に一斉に丸付けをしたり、ICT機器をうまく使ったりして、教師の負担が大きくなり過ぎないような工夫も必要です。こうしたことを考えていくことも教師として生きていく上で必須です。

MEMO

オープンエンドの宿題は簡単なほどよい

オープンエンドの宿題は全員が楽しめるよう、学習が苦手な子でも一つは解けるような設問にします。❸で紹介した他にも「花の名前」「世界の国名」などは、楽しく取り組める課題となるはずです。

いつまでも先生が宿題をすべて決める

高学年になってきたら、宿題は自分の裁量で決められるように、自主勉強を主体にするべきだと考えています。その理由としては、中学校以降では自分で勉強できるかどうかが、より学びの深さや進路に直結するからです。また、忙しい子どもたちが負担過重にならないようにすることにも繋がります。

Part 2 生活指導、ここを間違えるな!

30 トラブルが起きない持ち物に関するルールは?

ルールの明確化が重要です。明文化できないものは方針をしっかりと固めることで、トラブルを防止できます。その基準は、自分と友だちの視点で考えた時、学習や集団生活の中でふさわしい物かどうかになります。

ANSWER

大枠を決め、明文化できないものは対話を重ねる

❶ 大枠のルールを決める
学年初めには、ランドセルにキーホルダーをつけて良いのかどうか、携帯電話の所持について、シャープペンの扱いなど、問題になりそうなことについては、学校や学年での見解を示しておきたいです。これがあることで、多くの家庭ではそのルールをできるだけ守ろうとしてくれます。

❷ 明文化できないもの
しかし、ピンポイントで必要になる学習用具や校外学習での持ち物などは、当初からの明文化が難しいものもあります。その場合には、自分と友だちの二つの視点で、それが「学習や集団生活にふさわしい物かどうか」で判断させたいです。その方針についても早めに伝えておくとよいでしょう。

❸ 話し合う
ルールや方針で決まっているからと、子どもや保護者の考えを一蹴してしまうと、別のトラブルの火種になることがあります。理由をできるだけていねいに説明をして、理解が得られるようにしましょう。難しい場合もありますが、そのような誠実なプロセスは、子どもたちにより良い大人の姿を見せるということでもあります。

先輩の失敗から学ぶ ゼッタイ避けたい NG ポイント

理由を言語化できない

持ち物に関して禁止する場合は、その理由がもっとも大切になります。それが合理的であれば、ルールとして理解され、トラブルは起きにくくなります。ただ、理由があっても教師自身が腑に落ちていないと説明が明確でなくなってしまうことがあります。ていねいに説明できるように、まずは教師自身が理由を充分理解しておくことが大切です。

先に示さない

先にルールや方針を示しておくことは大切です。そうすることで、いざ「持ってくる」「持ってこない」の話になった時も「当初からお伝えしていたことなのですが」と、一貫した姿勢での説明が可能になります。学年通信、学級通信、懇談会などで、小まめにお願いをしておくことでトラブルの多くは減らすことができます。

MEMO

意見が合わない時の合意形成の仕方が大切

多様な価値観が存在する現代では、これが正解ということはありません。持ち物についても同様です。学校生活においては、メリットデメリットがあるということを伝え、合意形成を行いたいです。

子どもと教師の関係ができていない

ここが一番大切になります。同じことを語っていても「この先生の言うことなら、少し納得できないけれど受け入れることはできる」となるか、「理由はわかるが納得したくない」となるかは、普段の関係性が大きく関わってきます。日常からの豊かなコミュニケーションが納得感を分けることを充分に理解しておきたいです。

Part 2 生活指導、ここを間違えるな!

31 子どもたちが適切な言葉遣いができるようになるためには？

どんなにていねいに話していても、相手の気持ちを尊重していなければ意味がありません。まずは、TPOに従って言葉を使い分けるために、適切とされる基本的な日本語について学ぶ必要があると気づかせましょう。

ANSWER

 目的を伝え、そのための言葉を学ぶ

❶ 目的を伝える
言葉遣いに配慮することは、相手の気持ちを尊重するためです。ですから、同じ言葉を使っていても相手が「言葉遣いが良いな」と思えば問題ないですし、「言葉遣いが悪いな」と思えば改善する必要があるのです。そのようなフレキシブルなものであることも理解させておきたいです。

❷ 相手やTPOに合わせる
相手がどのような人かで言葉遣いは異なります。家族に対するものなのか、友だちに対するものなのか、見知らぬ大人なのかで大きく違うでしょう。また、場や親密度も関わってくる要素です。これらを図示して、どのような言葉を遣うべきなのか考えさせるのがよいでしょう。

❸ 適切な言葉を遣えるようにしておく
相手や場に合わせるとなると、結局、一番ていねいな言葉はどのようなものなのか、という基本がわかっていないといけません。友だちとの少しだけた楽しい会話はいつでもできますが、目上の人に対する敬意を示す言葉は知識として持っていなければ使えないからです。思いを伝えるために知識習得の必然性に気づかせます。

先輩の失敗から学ぶ ゼッタイ避けたい NG ポイント

ていねいだけをほめる

言葉遣いはていねいであれば良いというものではありません。慇懃無礼という言葉があるように、ていねいな言葉でいくらでも失礼なことを言えるからです。相手の気持ちをしっかりと考えて、言葉を選ぶことを大切にさせたいです。結局は気持ちが一番なのだということです。

教師の意見を伝えない

クラス内の全員が納得しているから、汚い言葉でも良いではないか、と言う声が子どもたちから挙がることがあります。しかし、教師も同じ空間にいて、もしそれを不快に感じるのであれば、一意見として伝えたいものです。周りで聴いている人の気持ちにも配慮することの大切さも事前に伝えておきます。

完全に禁止にする

汚い言葉や卑猥な言葉を完全に禁止すると、反発が強くなりすぎてしまうこともあります。「言ってもいいが、自分の部屋とか誰もいないところ。自分の仲間以外には絶対に聴こえないところを選んで」という幅を与えたいものです。これは、性教育などでも有効な声かけになります。

Part 2 生活指導、ここを間違えるな！

32 公共の場でのルールを身につけさせるには？

言葉遣い同様、公共の場での振る舞いも相手意識が重要となるので、そのための基本をきちんと指導することが大切です。その際、自分が周囲からどう見られているのかも確認しながら、公共の意識を持たせます。

相手意識とメタ認知が大切

❶ 相手意識
公共の場でも、相手意識が大切になります。ただ、公共の場では相手がどのような人なのか、よくわからないということがポイントです。そのため、「自分たちのことをよく思わない人はマナーのハードルが高い」ということも考えさせ、慎重すぎるくらいの振る舞いが良いことを提案していきたいです。

❷ スタンダードを知る
私立の小学校でなければ、日常的に電車やバスなどの公共機関を利用する子は少ないかもしれません。普段、家族以外の大人と接する機会が少ない子もいるでしょう。そのような子には、どのような振る舞いが基本となり、失礼になるのかの知識を最初に伝える必要があります。

❸ メタ認知させる
知識として、わかっていてもなかなか行動が変わらない場合があります。それは、「自分はちゃんとできていると思っている」からです。本当にできているのかどうかを客観的に確認するためには、動画や友だちの意見が頼りになります。「自分で自分を見ることは大人でも難しい」とした上で、それをクリアするための方法を提示していきます。

先輩の失敗から学ぶ ゼッタイ避けたい NG ポイント

「○○すればいい」と思っている

公共のマナーについては、約束も重要ですが、その状況で判断していくことも同じくらい大切になります。「ルールにはないけれど、こうした方がいいかもしれない」「ルールで決まっているけれど、今は当てはまらない時かもしれない」ということを、柔軟に考えるようにします。そのために、普段の学級でも、その考えを適用させることが必要です。

スタンダードの指導がない

校外学習では、そこに行って得られる学びもありますが、そこに行くまでの道中で得られる学びもたくさんあります。目的地でのプログラムと同じように道中での学びについても考えておきましょう。公共のマナーのスタンダードを指導できるのは、正にこのタイミングくらいですので、チャンスを逃さないようにしたいものです。

MEMO

公共度

私は「公共度」という言葉を活用していました。自分だけの部屋が公共度0だとしたら、家のリビングは10、教室は50、駅は95など、子どもたちが公共について相対的に考えられるようにしました。

フィードバックしない

校外学習で、自分たちが考えたマナーのアウトプットを行ったら、それを振り返る時間を取りたいものです。一度や二度指導しただけで、うまくいくことはないかもしれませんが、それこそが学びということです。「無事終わったからいいや」と何となくスルーしてしまうのはもったいないことです。

Part 2 生活指導、ここを間違えるな！

33 適切にタブレットを使わせるには？

これからの学びには、ICT機器やネットの情報をいかに活用していくかが求められるでしょう。ただし、デメリットもあります。それを理解するために、機器の取り扱いについて定期的に振り返ることが必要です。

ANSWER

目的とルールの理由を知り、定期的に振り返る

❶ 目的を知る

タブレットは家庭でも使っている場合があります。多くの場合、用途は「娯楽」ではないでしょうか。学校では、タブレットを使用する場合は、「娯楽」ではなく「勉強のため」であることを押さえておきたいです。ですから、ルールを考える際も「自分や周りの学びになっているか」が基準となります。

❷ 禁止を知る

大きく三つの禁止が考えられます。①パスワードを変えず、人に教えない、②指定のアプリ以外は使用しない、③カメラ機能で人やものを勝手に撮らない。①②については危険性の指導が必要です。③については、子どもはついつい楽しく行いがちです。だからこそ、きちんとその理由まで理解させておかなければなりません。

❸ 定期的に振り返る

上記を指導しただけでタブレットが適切に使えるようになるわけではありません。むしろ、失敗を繰り返しながら、その度に考えて、行動を選んでいくからこそリテラシーは身につくのです。学校という場では、失敗のフィードバックが重要です。自分の使用状況を定期的に振り返る機会を設定していきましょう。

先輩の失敗から学ぶ ゼッタイ避けたい NG ポイント

禁止にするだけ

インターネットは便利であると同時に危険と隣り合わせという側面があります。ただ、これを一律に禁止していては、子どもの危機意識は育ちません。子どもがコントロールできるボーダーの部分で、適度に失敗できるラインを設定していきます。また可能な部分で禁止のラインや理由も子どもたちと一緒に話し合っていきます。

振り返りが具体的ではない

振り返りの際にはできるだけ具体的に行います。「タブレット使用に点数をつけるなら何点か」「上手に使えた場面は」「よくなかった場面は」「どのような危険が考えられるか」「自分にアドバイスをするとしたらどんなことか」などを、定期的に詳細に振り返っていきます。

保護者に周知しない

家庭でもタブレットやインターネットを使用している子どもは多いでしょう。そのため、家庭と学校では使用目的が明確に違うことを周知した上で、学校の教育活動について理解をしてもらう必要があります。家庭でもリテラシーについて、ていねいに伝えてもらうことができれば、子どもたちの学びの機会を増やすことができます。

Part 2 生活指導、ここを間違えるな！

34 自分の身を自分で守れるようになる性教育とは？

自分の心身は自分で守る必要があります。それには、知識だけでなく、自分は大切な存在だという自己肯定感が大切です。自分が被害者にも加害者にもならないために、バランスの良い性教育が必要になります。

ANSWER

バランスの良い知識を与え、自分を大切にさせる

❶ 大切な二つのメッセージを与える

性教育をするためのメッセージとして、大切なのは「自分の身は自分で守らなければいけない」ということと、「自分は大切な存在である」ということです。特に二つ目のメッセージについては、言葉で伝えただけではわからないものです。日々、教師が子どもを大好きでいて、思いを伝え続けるということが大切です。

❷ プライベートゾーンを伝える

性教育というと、難しいと感じる方もいるかもしれません。ただ、まずは、プライベートゾーンと呼ばれる、自分だけの身体の場所を大切にすることを伝えたいです。プライベートゾーンは、他人に触られても触ってもいけないということを知識として伝えていくことから始めます。

❸ 逃げることを伝える

危険があった時や、（デートDVにつながるような）嫌な思いをした時に、まず一番にすべきことは「逃げる」ことです。ただ、知識として「逃げる」とわかっていても、実際の場面では難しいこともあります。子どもの心に配慮しながら、ロールプレイングなどで具体的に示す必要があります。

先輩の失敗から学ぶ ゼッタイ避けたい NG ポイント

知識だけを伝える

性教育は、知識だけが先行しがちになってしまうことがあります。特に、子どもであれば興味が強くなるために、偏った知識をインプットしてしまうことがあります。この時に大切なのは、自分と相手を守る、という目的の部分です。この目的の部分と知識が両輪になることが性教育には必須です。

その時だけの指導になる

性教育の目的が左記だとするならば、その指導は日常に帰するものになります。性とは直接関係がない場面でも、お互いを大切に思う気持ちの指導は、行っていると思います。そのうちの一つとしての知識であることを子どもたちにも充分に強調します。また、保護者にも同様に理解を得る説明を学級通信などでしていきます。

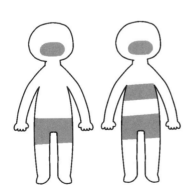

茶化す雰囲気になる

性教育は雰囲気作りがとても大切になります。ここで、恥ずかしさや無知から場を茶化すような雰囲気になると、一気に学びは薄くなってしまいます。「今日の話は、真剣な話です」ということを伝え、学習に入るのはその空気感が出てきてからということを心得ておきましょう。

Part 2 生活指導、ここを間違えるな！

35 生活習慣を見直せる工夫とは？

大切なのは、教師が「○○しなさい」と考えるのを抑えることです。子どもが受動的に行っていると、担任が変わったあとはやらなくなることがあるからです。まずは、問題を意識させるところから始めましょう。

ANSWER

問題意識、現状、改善点を考える

❶ 問題意識を見出す
教師からの一方的な押し付けにせず、子ども自身の中に生活習慣が落ちるようにするためには、問題意識からスタートするのがベストです。今、自分たちが問題だと思っているところはどこなのかを自由に出させ、解決すべき本当の問題から、生活習慣を考えるようにさせたいです。

❷ 現状に点数をつける
時間が守れないという現状があるのであれば、自分たちの現状がどの程度なのか、点数を各々つけてみるとよいでしょう。ここでの点数は問題ではなく、「百点でなかった理由」を考えさせることが大切になります。そうすれば、多くの子にとって現状の足りなさを具体的に考えるきっかけになります。

❸ 具体的な改善策を考える
改善点については具体的でなくてはなりません。また、行動ベースで数字に落ちているものがよいでしょう。例えば、「集合時間三分前には全員が集まっていられるように、五分前には全員が教室を出ているようにする」といったものです。数字を出すことによって、できたかできないかも明確になります。

先輩の失敗から学ぶ ゼッタイ避けたい NG ポイント

教師が問題意識を提案する

教師が問題意識を投げかけることもあると思います。ただ、それではお小言感が強くなってしまい、子どもたちが主体的に問題を解決する気持ちは薄くなってしまいます。もし、頑張らせたいポイントがあるなら、子どもたちがいくつか出した中で、それをピックアップするなどがよいでしょう。

意識の問題だけを言う

改善点としてよくあるのが「気をつけるようにしましょう」や「意識していきましょう」のような気持ちの問題を言うものです。もちろん、気持ちも大切なのですが、肝心なのは結果に繋がったかどうかということです。指導の際には、精神論だけでなく、行動から結果に繋がるまでのプロセスが明確かも考えていく必要があります。

定点的にフィードバックしない

失敗をしたあとに、しっかりと振り返り、行動を改善するからこそ、より良い生活習慣が定着していきます。明確に目標に向かって結果が出ているかを、一週間に一度くらいは振り返りましょう。その時も同様に、行動と数字が達成できたのかを見ていくと、評価もはっきりとするでしょう。

MEMO

生活習慣とは

家での生活習慣は学校とはまったく違うものでしょう。大切なのは、場所が変わっても自身の生活を客観的に見て、行動と評価を自ら回すことです。それができれば、担任が変わっても大丈夫でしょう。

Part 2 生活指導、ここを間違えるな！

36 適切な感染症対策とは？

新型コロナウイルス感染症の対策が一区切りしたとはいえ、冬場のインフルエンザなどには、同様の対策が必要になります。また、対策については様々な考え方があるため、ていねいに説明することが大切です。

ANSWER

基本的な対策と説明責任を果たす

❶ 基本的な対策を行う
年間を通じて、適切に感染症の対策を行うことは、クラスの衛生面を保つことに繋がります。体調が心配であればマスクをしたり、共有物を定期的に消毒をしたりすることは、集団生活を送る上での衛生管理として必要なことです。保健体育の授業とも関連させて指導を行っていきたいです。

❷ 相手がどう思うかということに思いを寄せさせる
例えば、目の前で口を押さえずに咳をされることは、感染症とは関係なくとも、良い気がする人は少ないでしょう。もっとしっかり見ている人は、手を石鹸で洗わない子がいた時に嫌悪感を持つかもしれません。感じ方に違いがあることを可視化するために、どこまでが許せる範囲なのかということを話題にするのもおもしろいでしょう。

❸ 保護者に説明を行う
感染症に対して敏感な保護者も、そうでない保護者もいます。ただ、どちらにしても事前に説明を行っておくことは、子どもたちを大切に考えている教師の思いを伝えるためにも必要なことです。どこでラインを引くのか学校の姿勢をきちんと確認して、統一した見解を述べることも大切です。

先輩の失敗から学ぶ ゼッタイ避けたい NG ポイント

感じ方に留意しない

「今、暑いと感じる人？ 普通だと感じる人？ 寒いと感じる人？」と聞いていくと、クラスの中でも意見が分かれます。これが、多様性への理解の入口の質問になります。こうしたことを行っていくことで、自分とは異なる考えがあることが可視化されます。同じように感染症についてもその違いを聞いていくとよいでしょう。

極端になってしまう

教師は、バランス感覚が非常に大切になります。つまり、「極端な意見にならない」ということです。「もう感染症対策はしない」とか「教室の隅々まで、くまなく毎日一時間かけて消毒を行う」などは、時勢を鑑みて偏りすぎていないかを確認する必要があります。

MEMO
教師のバランス感覚

センシティブな問題こそ、教師のバランス感覚が問われます。教師とは中庸であるべきというのが私の持論です。ただ、中庸は教師自身が極端を知っていなければ選べないことにも留意してください。

保護者に説明をしない

感染症対策をはじめ、様々な考え方が世に溢れているものについては、事前の説明が大切です。先に発信しておくことで、そこに違和感があれば保護者からも意見が出てくるはずです。妥当な意見であれば、検討も必要でしょう。懸念があるものは、事前にどんどん発信してしまうことが良いと考えます。

Part 3

地雷を踏むな！
ありがちな生活指導と声かけ

Part 3 地雷を踏むな！ありがちな生活指導と声かけ

37 「○○さんがやっていたから、自分もやった」に対する声かけとは？

やってしまったのは自分なのに、「○○さんがやっていて、楽しそうだったからやってしまった」というように、悪いのは自分ではないと言い訳をすることがあります。これに対する有効な声かけをお伝えします。

ANSWER

「なぜ良い子にはつられなかったんだろうね」

❶ 周りには良い子も悪い子もいる
悪い子につられたのであれば、なぜ良い子にはつられなかったのかということを聞いてみます。周りには良い子もいたはずで、そっちの真似をすることもできたはずです。それができなかったということは、自分に甘さや弱さがあったのではないかと示唆します。

❷ 良い子がいなくても、それは知っているはず
仮にその場に悪い子しかいなかったとしても、こうありたいと願い行動することは充分に可能だったはずです。子どもには、落ちついて考えれば、それを選択できる素晴らしさがあることを認めた上で、話を進めます。

❸ 同じ場面での具体的対策を立てる
今後も同じような場面や、つい周りの雰囲気に飲まれてなど、後悔するような行動をしてしまいそうになることはあると思います。そんな場面になったら、これまでの失敗を活かして、具体的に何を考え、どう動くのかを決めておくとよいでしょう。次に行動できることをゴールに指導していきます。

先輩の失敗から学ぶ ゼッタイ避けたい NG ポイント

周りの環境のせいにする

保護者でも「周りが悪いから自分も悪くなった」と考えてしまいがちです。気持ちはわかりますし、実際にその要素の否定はしません。ただし、悪いと思える人はどの場にもいるでしょう。そこで、きちんと自分を持った人になるためには、環境要因によりマイナスの影響を受けてしまうことを避ける努力をする必要があります。

プラスの環境要因に目を向けさせない

影響を受けやすいということは、否定されることではありません。なぜなら、影響を受ける対象者が良いモデルならば、むしろ成長が早いこともあるからです。自分にとって、マイナスの影響なのかプラスの影響なのかを判断し、すぐにプラスを取り入れる習慣をつけるように伝えていきます。

MEMO
影響を受けやすい子は成長しやすい子!?

自分にとって良いモデルを見つけて、その思考や行動を真似することは、本人の成長にプラスになることもあります。影響を受けやすい子は、そうしたことに適性がある成長しやすい子とも言えます。

具体的な行動をイメージさせない

次に同じ場面で、具体的に何をすればよいのかわかっていなければ、同じ失敗を繰り返す可能性があります。そこで有効なのは「距離を取る」ことです。誰かに、またその場の雰囲気に影響を受けてしまいそうだと感じたら、「まず離れる」ことを行動目標として設定するとよいでしょう。

Part 3 地雷を踏むな！ありがちな生活指導と声かけ

38 「学習に前向きになれない」への対応とは？

まずは、外部環境に問題がないかを確認しましょう。学習に集中できる場所か、教材は子どもにマッチしているかなどです。また、ルーティン化することは、やることがはっきりし学習習慣がつきやすくなります。

椅子を前に引く、から始める

❶「椅子と机を近づけてみよう」
学習に前向きになれない子は、かなりの確率で姿勢が崩れていますので、まずは、椅子と机の距離を近くして、姿勢を正してあげるのがよいでしょう。このように、学習に取り組みやすい環境が整っているのかを確認する必要があります。姿勢が良くなる、鉛筆が削られている、だけでもモチベーションに影響します。

❷ 子どもに合っている教材なのか
教材の難易度が難しすぎる、または簡単すぎる場合、子どものモチベーションが低くなることがあります。まずは、全体の実態をつかんで適切な課題を設定します。その上で、個別へのアプローチでレベル差を把握し、それを埋めるようなプリントや、教え合いの仕組みなどを導入していくことが大切です。

❸ ルーティン化する
授業の始まりの五分は簡単な計算練習、朝のモジュールは読書から始めるなど、行うべきことがルーティン化すると子どもは学習に入りやすくなります。大まかな授業設計の統一やルールの共通化をすることで、子どもたちの学習に対するモチベーションを高めやすくなります。

先輩の失敗から学ぶ ゼッタイ避けたい NG ポイント

精神論で語る

「やる気を出せ！」「気合で頑張ろう！」などの叱咤激励には、あまり意味はありません。一時は頑張ろうとしますが、子ども自身の根本は変わっていないので、また元に戻ってしまいます。子どもを変えるには、具体的な行動や習慣を変えることにアプローチする必要があります。

できる子が退屈をする

どんどん先に進んでいく子が「待ち」の状態になってしまうと、なかなかクラス全体の学習意欲は上がっていきません。クラスの荒れの原因にもなります。この時に、有効なのは「学び合い」です。「相手にとって、ちょうどいいヒントを出そう」という声かけをしたあと、できる子にミニ先生として活躍してもらうのです。

様々な要因を確認していない

先述した椅子と机の距離の他に、例えば、黒板周りに多くの掲示物が貼ってあること、周りの友だちとの関係でも集中しづらくなっていることがあります。また、単純に前の時間が水泳学習であった場合には、疲労から集中できないこともあります。気持ち以外の要素について、できるだけ多くの可能性を考えることが重要です。

MEMO

学び合いとは

教育学者の西川 純先生が提唱するアクティブラーニングの手法です。私は「答えを言っては教える側も教わる側も学びにならない」「ちょうどいいヒントは学びを深くする」と伝え、行っていました。

Part 3 地雷を踏むな！ありがちな生活指導と声かけ

39 大泣き、激怒への最速の対応とは？

感情を乱している子へは、カウンセリングマインドの受容、共感、傾聴というステップでの対応が一番早く、効果的です。なお、受容と共感が重要で、それが不充分だと傾聴の効果が薄くなるので留意しましょう。

受容、共感、傾聴

❶ 受容
まずは、子どもが思っていることを認める段階です。例えば「あいつ、ぶん殴ってやりたい」と言っていたとしても「そう思っているんだね」と認めます。もちろん、殴ることを推奨しているわけではありません。心の中で思うことは自由ですし、そう思っている事実を認めることが第一歩なのです。

❷ 共感
共感は「自分もそのような場面では『殴りたい』と思ってしまうかもしれない」と、同じ気持ちになっていることを示すものです。ここでも思うのは自由であることに留意したいです。また、こちらに非があることは、「嫌な思いをさせてしまって、申し訳ない」と限定的に謝ることも共感を生みます。

❸ 傾聴
受容と共感を充分に行うことができたら、傾聴に進みます。傾聴では「はい」「いいえ」では答えられない質問を投げかけることで、しっかりと相手に話をさせることが大切です。また、もっとも留意したいことは、途中で口を挟まないことです。うなずきで傾聴の姿勢を示しましょう。

先輩の失敗から学ぶ ゼッタイ避けたい NG ポイント

謝らない

例えば、子どもが「先生のせい」と言っている時に、それに対して何も触れないのは避けましょう。この場合は、すべての非を認めるのではなく、「限定的な謝罪」が効果的です。「嫌な気持ちにさせてごめん」「不便かけて悪かったね」など、思いに対して謝罪するのがよいでしょう。

態度が伴っていない

対応の際は、話しやすい雰囲気にすることが大切です。腕を組んでいたり、無表情であったりすれば、カウンセリングマインドはうまくいきません。

受容と共感が十分でない

子どもの心を落ち着かせる受容と共感は、カウンセリングマインドのほぼすべてを占めていると言っても過言ではありません。心が落ち着いていないと、話すことでより興奮させてしまうことがあるからです。

MEMO

「メラビアンの法則」は、視覚、聴覚、言語の情報が不一致だと誤解されることがあるという考え方です。子どもに対応する際は見た目、声のトーン、話の内容が「あなたを思っている」と伝わるようにしましょう。

メラビアンの法則

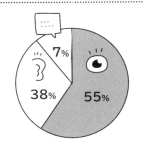

Part 3 地雷を踏むな！ありがちな生活指導と声かけ

40 「えこひいきだ」への適切な対応は？

この主張には二つのパターンがあります。一つは本当にそれを訴えている。二つ目は自分の課題から目を逸らし話題を変えたいパターンです。それぞれで捉え方や対応が異なり、高学年ほど多く出てくる事象です。

 ANSWER

受け止め、共感をする or 自分の課題に戻す

❶ そう思わせてしまったことは謝る
えこひいきだと思っているパターンについては、まずそう思わせてしまったことを謝りましょう。子どもにも非があると考えるかもしれませんが、まずはこの状況を打破しないことには指導は通りません。誤解させてしまったことを認め、そうならない努力をすると伝えます。

❷ 理解を求める
「みんなの代表」として訴えてくるパターンもあります。その場合には、リーダー的な子に謝ると同時に、「大人側の事情」も話し、理解を求めましょう。その子を大人側として扱うことで、こちらの代弁者になってもらうことも考慮します。

❸ 課題から目を逸らさせない
自分が指摘されていることから逃げるために訴えるパターンも対応としては同じです。まずはこちらの非を謝り、その上で、本人の今の課題に話を戻していきます。「話を戻すけど」と端的に伝え、本来の課題に向き合わせます。

先輩の失敗から学ぶ ゼッタイ避けたい NG ポイント

✕ 謝らない

現状では、謝ることを躊躇（ちゅうちょ）するケースが多いように感じます。「相手がそう思った」「そうアウトプットさせてしまった」のであれば、教師に非がないとは言い切れません。もちろん、バランスの問題はありますが、少しでも非があると認められたら素直に謝る姿勢はより良い人間のお手本になるでしょう。

✕ 話が転じることに振り回される

子どもが自分の課題の本丸から逃げたいがために、様々に話題を変えることがありますが、教師側が本当の課題を見失わないことが重要です。軽重を考え、柔軟に謝ったり、「それは今度別で時間を取るから」と伝えたりして、今の解決すべき課題から逃がさないことです。

MEMO

子どもが言う「みんな言ってる」

主張を通すための「みんな言ってる」には、「みんながどうかわからないけど、少なくとも○○さんはそう思っていることだよね」として、「○○さんに安心してほしいから話すけど」と対応しています。

✕ リーダーを味方にしない

リーダー的な子がみんなの代表として、話をしに来たのなら大きなチャンスです。ここでしっかりとリーダー的な子とコミュニケーションを取り、教師の考えにある程度賛同してもらえればクラスは一気に変わります。普段の労をねぎらい、人格や能力、努力を認めていることを伝えていきましょう。

Part 3 地雷を踏むな！ありがちな生活指導と声かけ

41 終始不機嫌で雰囲気を悪くする子への対応は？

思春期に入っていくと、自己表現が苦手なせいもあり、不機嫌な雰囲気をまき散らす子がいます。この一人の行動でクラスの雰囲気が悪くならないよう、良い自己表現を身につけさせていく方法を紹介します。

ANSWER

きっかけを作り、良さを認め、表現の仕方を教える

❶ 関係作りをする

まずはその子とコミュニケーションを取りましょう。特別なことはせず、他の子と同様に、あいさつや話題を振るなどするとよいでしょう。最初はかなり冷たい反応をされるかもしれませんが、こちらはひたすら肯定的な反応をしていくことで、「話すのが当たり前」という状態にします。

❷ 良さを認める

コミュニケーションが普通になってきたら、今度は良さを認めます。世の中を斜めに見ているかもしれないですし、表現力の乏しい子かもしれません。ただし、それらも裏を返せば、人が見ていないところを見ている、ありのままの自分を表現できると考えることもできます。そこを言語化することです。

❸ 適切な表現方法を教える

❶❷を行うことで、関係ができてきたら、適切な表現の仕方について助言します。これは向こうから話をしてくれるようになったら、というタイミングが目安です。「あなたの良さはこうすると伝わるよ」という言い方がよいでしょう。本人がそれを試している様子があったら大いに喜びを表現します。

先輩の失敗から学ぶ ゼッタイ避けたい NG ポイント

✖ 安易に褒める

表現が苦手な子は、大人の思惑を深く考えることがあります。安易に褒めても、それが心からの言葉でなければ、それを見破られてしまい、逆に心は離れてしまいます。ですから、褒めるよりは、心から喜ぶことを意識するとよいでしょう。心が少しでも動いたらそれを少し大げさにアウトプットして伝えるイメージです。

✖ 叱らない

失礼な態度や人格を否定するような行為があった時には叱りましょう。ここで叱らないと、逆にそのような教師と甘く見られてしまいます。コツは、短時間で、すぐに切り替えることです。まだ関係ができていないのであれば、なおさらこれを意識します。じっくりと語るのは関係がしっかりできてからです。

MEMO
質より量のコミュニケーション

最初のコミュニケーションは質より量と心がけましょう。接点が充分でないと質を高めることは難しいためです。まずは「話しかけられるのが当たり前」という認識を持てるようにしていきましょう。

✖ 愛さない

すごく、抽象的な言い方にはなってしまいますが、表現に臆病な子は「愛してくれるか」にとても敏感です。表現が苦手なのは、それだけ自分を守っているということですから、その子の良いところを見つけて、その子を好きになる努力を教師はするとよいでしょう。それが最短ルートだと考えます。

Part 3 地雷を踏むな！ありがちな生活指導と声かけ

42 説明上手になるための指導とは？

説明は大人でも難しいものです。算数で「説明してみましょう」のような課題は、子どもにはかなりハードルが高いと心得ましょう。ただ、まずは型を与えることで少しずつ説明が上手になる方法があります。

ANSWER

「まつだくん」を与える

❶「まつだくん」という型を与える

まつだくんとは「まず」「つぎに」「だから」という言葉の頭文字をとったものです。このような型を与えることは大切です。このような型がなく「自由でいいよ」とするのは、子どもに泳ぎ方を教えずに大海に投げ飛ばすようなものです。まず、拠り所が必要です。

❷「まず」「つぎに」

言いたいことはあっても、最初に何を言えばよいのかわからない時、「まず」は、とにかく最初に言ってしまうとよいフレーズです。これを言って、とにかく言葉を出すということが重要です。「まず」と言ったら、最初に言いたいことを話し、「つぎに」で繋げていくのです。

❸「だから」

「つぎに」で繋げていったあと、まだ話したいことがあるのなら、さらに「つぎに」で続けます。少し違和感はありますが、まずはそれで長く話せるようになればよいでしょう。最後は「で、なんのことを話していたんだっけ？」とならないように、「だから」でまとめを話すことを伝えます。

先輩の失敗から学ぶ ゼッタイ避けたい NG ポイント

型にはめる

「まつだくん」のような型を与える際に重要なことがあります。それは「型にはめない」ために型を与えているということです。型を覚えるのは、自分で歩き出せるようになるためです。そして、歩き出したあとは、その型にこだわらず好きなようにやらせてあげることが重要になります。

称賛しない

子どもが自由に言葉を言うようになったら、そのことを称賛しましょう。「『まつだくん』にこだわらずに、ちゃんと自分で考えて話したんだよね。それが本当に大切なことだよ」と全員の前で大いに認めることで、他の子も真似をし始めます。最後は、型破りを応援するのです。

話そうとしていることを認めない

説明はハードルが高いため、「まつだくん」を与えても一言も話せない子はいますし、中には泣いてしまう子もいるかもしれません。そんな時は、その場に立って何かをしようとしたことを充分に認めてください。それが、その子の成長であり、貴重な経験であることは間違いないのですから。

Part 3 地雷を踏むな！ありがちな生活指導と声かけ

43 作文の苦手を克服する指導方法は？

作文にも型があります。型を教えることで、まずは書き出せるようになることを目指します。読書感想文を例に説明しますが、これは様々な作文に応用可能な型で、コツは作文を自分に引き寄せて書くことです。

ANSWER

現状 → 学び → これから

❶ 現状
読書感想文の場合、まず本の内容から書いてしまいがちですが、それは避けるようにします。その代わりに、自分のことを書いていきましょう。例えば、今、頑張っていることや熱中していることは何か、自分の課題や思っていることは何かなどです。まずはそのような自分の現状で1/3は埋めてよいです。

❷ 学び
続いて本からの学びを書いていきましょう。「この本から学んだことは三つです」などで書き出します。なお、現状を書いてから本を読み出すことについては、「現状と本からの学びがマッチしないのでは？」という懸念もあるでしょうが、読書感想文の課題図書には汎用的な学びがあるものが選ばれるので、大きく外れることはほぼありません。

❸ これから
学びを受けて、自分の変化を書いていきます。最初の現状と照らし合わせて、本から刺激を受けた自分の心情や行動の変化を書きます。ここでは、「世界平和」のような大きなことではなく、明日や今この瞬間からできることを書いていくとより伝わりやすいものになります。

先輩の失敗から学ぶ ゼッタイ避けたい NG✗ ポイント

✗ 自分のことを書かせない

読書感想文を書く時には、本を主役にしてはダメです。本に触れたことで変わった自分をアウトプットさせましょう。ただの本の紹介ではなく、学びを可視化させることこそ重要なのです。よって、書き出しが「この本の面白かったところは」などとなってしまわぬようにしたいです。

✗ 現状を考えず本を読ませる

本を読む前に、まずは自分の現状を考え、できれば課題を抽出しておきたいです。課題がいくつか見えている状態で本を読むことで、その読書体験は実りのあるものになります。読書感想文の本は、普段その子があまり読まないジャンルのものかもしれません。その場合でも、きっちりと学びを回収できる方法です。

✗ 質や細部にこだわる

ここでの文章の目的は、自分の成長にフォーカスさせることでした。そう考えるならば、文章の細部にはできるだけこだわらないようにしたいです。当然、教えなければならない文章の作法はありますが、その指摘はできるだけ絞って行いたいです。それよりも成長の可視化という目的に少しでも近づいていれば称賛しましょう。

Part 3 地雷を踏むな！ありがちな生活指導と声かけ

44 より良い走り方の指導とは？

走ることは最も基本の動作の一つです。きちんと指導していくことで、生涯体育への意識を飛躍的に高めることができます。運動会などの時期に指導をすることで、必然性から身につきやすくなることもあります。

ANSWER

サイ → エルボー → 鉄板

❶ サイ
走る際に重要なのはスタートです。片足を前に出し、反対側の腕を前に出して構え、重心をできるだけ前にかけたポジションになりましょう。そして「よーい、どん」の合図で、サイのように自分の額の真ん中にツノが生えていて、それを突き刺すイメージでスタートします。目の前に敵がいるといった設定をすると、楽しく習得できます。

❷ エルボー
中間走では、腕振りが大切です。走るのが苦手な子はこの腕振りが前だけになってしまい、腕の力を全身に伝えられていないことがあります。大きく腕を振るイメージとして、「後ろの敵にエルボーを当てよう！」という声かけがよいでしょう。こう伝えることで、しっかりと腕を引けるようになります。

❸ 鉄板
「熱々の鉄板の上を走ってみよう」という声かけもすごく有効です。これは足の回転を速める効果があります。また、早く鉄板の上から逃げなきゃとイメージさせることで、気持ちと動作が連携する子が多いようです。このように小学生に指導する時は、身体の動かし方よりもイメージ化の方が有効です。

先輩の失敗から学ぶ ゼッタイ避けたい NG ポイント

❌ スタート時の重心が後ろ

スタートの際、身体の重心はできるだけ前にしておきます。重心が後ろだと、その分だけ身体を前に動かす必要があり、タイムロスの原因になります。倒れてしまわないように注意しながら、まずは重心をできるだけ前にし、スタート時に力が加わりやすいぎりぎりの位置を見つけます。

❌ 一歩の幅が小さい

スタートについてアドバイスをしても、一歩一歩の幅が小さくタイムが伸びないことがあります。その場合、腕振りが充分にできていない可能性が考えられます。「エルボー」を強調しても難しい場合には、「空き缶を力強くつぶして、後ろに吹っ飛ばす感じで」の声かけも追加してみるとよいでしょう。

❌ 身体の動きのことを言う

運動が苦手な子に、身体の動きのことを細かく言ったり、動画などを見せたりしても思うように上達しないことがあります（動画での動作チェックで大きく上達することもあるので、何度かは試してほしいです）。その場合は、動物が走るイメージなど抽象化した伝え方の方が効果的なこともあります。

MEMO

運動が苦手な子

運動が苦手な子が楽しめるようにするには、例えば、長距離走で最後だけ加速してゴールする、サッカーでシュートを決めるなどの「気持ちいい」体験が有効です。たくさんの「気持ちいい」を実践してみてください。

Part 3　地雷を踏むな！ありがちな生活指導と声かけ

45 算数が苦手な子に対する指導とは？

算数は、個別指導と全体指導でそれぞれ留意点があります。個別指導は、算数が苦手な子に対して、どのように焦点化するかがポイントです。一方、全体指導は、習熟度の差を生かした学び合いが有効です。

ANSWER

 ## 「ここだけ見て」、学び合いで習熟度を埋める

❶ 焦点化する
まずは、算数が苦手な子に対しての個別指導についてです。こうした子の場合、情報が混乱して、何をすればよいのかわからなくなっています。745÷4の計算であれば、最初に行う7÷4以外の部分は指で隠してあげて、「ここだけ見て」の声かけで焦点化を行います。

❷ 学び合いを提示する
習熟度を高める一番有効な方法は、P.87で紹介した学び合いだと思っています。「ちょうどいいヒントをあげて」を合言葉にして、特に教える側は体系的な理解と相手意識の伸張を意識させるとよいでしょう。教える側のメリットを明確にすることによって、学び合いはうまくいきます。

❸ 学び合いは教える方のメリットが大きい、と伝える
「ちょうどいいヒント」とは当然、答えではなく、相手がぎりぎり解けるか解けないかのヒントを出すことです。これは、教える方の体系的な知識や相手意識がないと出すことができません。教える方に、より高度で将来的に役に立つ力が身につくものであることをていねいに説明しましょう。

先輩の失敗から学ぶ ゼッタイ避けたい NG ポイント

保護者に説明しない

学び合いのねらいについて、保護者にていねいに説明をするべきです。そうでないとわが子ができない子のために働かされていると認識する保護者が出てくる可能性もあります。むしろ、学び合いやミニ先生は、習熟が進んでいる子にとって良い手法であることを繰り返し説明したいです。

答えを教えないことを強調しない

学び合い、ミニ先生で一番避けたいのは、答えだけを教えて終わることです。それでは、まったく学びがなく、時間が無駄になるだけです。さらに、学習観自体も悪くなってしまう可能性があるので避けたいところです。答えだけ教えることのマイナス面をていねいに繰り返し伝えていきます。

MEMO

困難は細分化せよ

数学者デカルトの言葉です。どんな困難も適切に分けて、いま取り掛かれる問題にフォーカスできれば解決に向かうことを示しています。指導での「ここだけ見て」の声かけはそれを実現するものです。

良いお手本を共有しない

教え方が上手な子がいた時は、良いモデルとしてどんどん共有していきましょう。そうすることで、「ちょうどいいヒント」の質はより一層向上していきます。習熟度が高い子にとっては、相手意識など、算数を越えた学びを得られるチャンスにもなります。これは塾の勉強にはない学びです。

Part 3 地雷を踏むな！ありがちな生活指導と声かけ

46 子どもの認め方とは？

教師は子どもを認める方法を知っておくべきです。信頼できる教師から学ぶ方が、科学的にも学習効果が高いとわかっているからです。まずは、子ども自身の存在を認めて、その後に変化や努力を認めましょう。

 ANSWER

存在、変化、プロセスを認める

❶ 存在を認める
子どもが毎日、あなたのクラスに通ってくれることは当たり前ではありません。まず、どんな思いを持っていようと、そこにいてくれる子どもに感謝の気持ちを持ちましょう。「ありがとう」「大好きだよ」は、言葉に出さないと伝わりづらいことがあります。

❷ 変化を認める
変化とは成長です。一見、マイナスに思える変化についても子どもはそこを通っていくことで、経験を重ねていきます。「変化があるということが成長だ」と認識し、子どもにもそれを伝えましょう。そのためには、子どもの変化を知ることを前提として、じっくり見つめることが基本になります。

❸ プロセスを認める
能力を褒められた子は成績を落とし、プロセスを褒められた子が成績を伸ばしたという研究結果があります。その子のやろうとしていることをしっかりと見つめ、応援していれば、しぜんとそうできると思います。能力が高い子は器用に何でもできますが、一人ひとりの熱量に注目して認めていきたいものです。

先輩の失敗から学ぶ ゼッタイ避けたい NG ポイント

✕ 褒めたあとに子どもの変容がない

褒めればよいというのは誤解です。褒めたあとに、子どもの行動変容がなければ逆効果になっていることもあります。具体的に何が良かったのかを言語化しましょう。また、きちんと目標を立てさせ、できていないところとできていることを分けて、認められるとよいですね。認めるにも重さが必要です。

✕ 子どもの素晴らしさに心を動かさない

教師の心が動いているのか、そうでないのかに子どもたちは敏感です。教師自身が子どもの小さな成長にきちんと心を動かさなくては、子ども自身もその素晴らしさに気づくことができないでしょう。子どもの素敵なところもユニークなところも、受けとめられるように心を磨きましょう。それがうまくいく近道です。

✕ 褒めすぎる or 褒めすぎない

これもバランスの問題です。小さな理由で褒め過ぎたり、やり方が偏っていたりすれば、褒めないと何もできないプライドだけが高い子になる可能性があります。もちろん、何も褒めなければ自己肯定感が低くなり、行動意欲の少ない子になってしまうかもしれません。極端すぎる教育にはデメリットが大きいのです。

MEMO

成長は螺旋階段

保護者に「成長は螺旋階段」のようであるとよく話しています。同じところを行ったり、来たりしているように見えても、着実に上へと進んでいるという意味です。教育は長い目でみることも必要です。

Part 3 地雷を踏むな！ありがちな生活指導と声かけ

47 基本的な話し方、聴き方ができるようになる指導とは？

話し方、聴き方は、すべての基本になる大切な指導であり、授業の質を上げ、生活指導では言葉が有効になることに繋がります。基本的な型を押さえたあと、実際の場面でモデルを示して見える化し定着させます。

 ANSWER

型を与え、具体化していく

❶ 聴き方の「あいうえお」

話の聴き方については、基本の「あいうえお」を提示します。【あ】相手の顔を見て、【い】一生懸命、【う】うなずきながら、【え】笑顔で、【お】おしまいまで。これを実際にやって見せるとともに、教室に掲示して、何度も生活場面や授業場面で活用します。

❷ 話し方「かきくけこ」

聴き方と同様、話し方の基本の「かきくけこ」を示します。【か】身体を向けて、【き】聞こえるように、【く】口をしっかり開けて、【け】決してあせらず、【こ】言葉の終わりまで。これは、どれも相手に意志を伝えるために必須のスキルとなります。発表の際などには、振り返りつつ、実践に繋げたいです。

❸ 可視化する

上記の型について、言葉だけではなく、見えるように提示することが大切です。見えるというのは、ただ教室に型を書いたものが貼ってあるだけではダメです。具体的な場面を何度も確認し、「こういうことなのか」とわかるようにすることです。良い聴き方、話し方の子がいたら、型を示しながら、積極的に共有しましょう。

先輩の失敗から学ぶ ゼッタイ避けたい NG ポイント

声が大きいだけ

声が大きければ、相手に伝わると子どもが誤学習してしまうと、合意形成の場面などで大きい声で押し切ろうとする姿が出てきてしまいます。それを避けるためには、声のメーター（《レベル1》…アリの声、《レベル2》…ネズミの声、などの図）で数値化して示すのが有効です。

形だけになってしまう

聴くことも話すことも、もっとも大事なことは心です。いくら型が整ったところで、心が伴っていなければ、コミュニケーションの意味はなくなってしまいます。型ができていなくとも、一生懸命にコミュニケーションを取ろうとしている子を認め、全体の前で褒めることで、気持ちの大切さも強調していきたいです。

MEMO

可視化とは

伝えたことの可視化は理解を促し、行動に移させるために大切です。ただ、見えるようにするだけでは、指導として不足しています。実際の場面を見て、体験できるような可視化を目指しましょう。

「聴く」と「話す」のバランスが悪い

きちんと聴かなければ、相手の話は一方通行になってしまいますし、話を聴いてばかりいても自分の思いを伝えられないままになってしまいます。このバランスが大切であることを、ペア学習の際に伝えましょう。うまくバランスが取れている会話の例を映像で共有するとわかりやすいです。

Part 3 地雷を踏むな！ありがちな生活指導と声かけ

48 指示、発問について留意すべきことは？

様々な課題にチャレンジする上で、教師の指示や発問の意味がわかりにくければ、子どもたちはスタート地点にも立つことができません。常に自分の指示や発問がわかりやすいかどうかを確認することが必要です。

可視化、一時一事化、ルーティン化

❶ 可視化
大人でも言葉で言われただけのものを理解することは、「自分の頭で整理すること」ができないと難しいものです。子どもがそれを理解できるようにするためには、言葉だけでなく可視化することが大切になります。絵やイラスト、簡単な流れを文字で示すなど、言葉と共に提示していきましょう。

❷ 一時一事化
指示や発問をする時には、一回につき一つにしましょう。二つや三つのことを同時に指示、発問すると、「指示・発問自体を覚えておく」ということもしなければならず、混乱が生じることがあるからです。どうしても複数のことを覚える必要がある時は、視覚化やメモを上手に使わせるようにしましょう。

❸ ルーティン化
ある程度、授業や生活の流れが決まったルーティンになっていれば、子どもは今考えるべき課題により集中することができます。授業の決まった流れや、トラブル時の解決の流れを示し、それに沿った形で進めることは、わかりやすさだけでなく、安心感の醸成にもつながります。

先輩の失敗から学ぶ ゼッタイ避けたい NG ポイント

話が長い

教師は話し好きな人が多い傾向にあります。それ自体を否定するつもりはありませんが、指示や発問をする際は、できるだけ言葉は短くしましょう。シンプルにわかりやすくなっているかは、自分の授業を録音することで確認することができます。五分ほどでもよいので、ぜひ確認してみることをお勧めします。

臨機応変を求めすぎる

その場その場で、対応する力を求めることは大切なことですが、それはあくまで総合的な力がついてくる高学年以降の話です。その前までは、一つひとつの力にフォーカスするために、指示や発問を明確化（可視化）する必要があります。そして、明確化するためには、教材研究が大切になります。

MEMO
教師の客観視

教師は指示や発問をする上で、常に「自分は偏っていないか、独善的になっていないか？」と確認する必要があります。また、他者の助言を得る、研修会などで最新の情報を仕入れるなども有効です。

実態を加味していない

指示、発問で一番大切なことは、子どもをしっかりと見ることです。自分の言葉が届いているかどうかは、子どもの言葉や表情、態度の変化に表れるからです。子どものありのままを見ることは難しく、また少し怖いことでもありますが、そこを捉えようとする日々の姿勢が教師の資質を高めていくものだと考えます。

Part 3 地雷を踏むな！ありがちな生活指導と声かけ

49 すき間時間の埋め方とは？

学級の安定には、すき間時間を埋めることも重要です。ここを曖昧にしてしまうと、クラスの雰囲気が大きく変わってしまうことがありますので、すき間時間を埋めるストックをいくつか持っておくとよいでしょう。

ANSWER

読書を基本にしつつ、少しずつ活動範囲を広げていく

❶ 基本は読書
やるべきことが早く終わってしまった時（問題が解けた、健康診断が終わった、行事から早く帰ってきたなど）は、基本的には読書をさせるようにするとよいでしょう。そのために、ロッカーや机の中に読書用の本を予め用意させておきます。その際、できるだけ時間をかけてじっくり読めるものを用意するよう促します。

❷ 読書のルール
読書をする際も、ルールを明確にしておく必要があります。原則は「一人で立ち歩かない」ことになります。ここがしっかりと守られていれば、クラスが乱れることはありません。あとは、他の人がまだ頑張っている状態の中では、どのような態度でいることがふさわしいのかを考えさせていきましょう。

❸ 少しずつできることを増やす
読書をすることに慣れてきたら、「一人で机に向かい静かにできる勉強」であれば、ある程度何をしてもよい（もちろん、周りに迷惑をかけることや、周りが過度に気になってしまうことについては考えさせます）と伝えていきます。場面によって、どのようなことが適切か具体例を挙げて示すとよいでしょう。

先輩の失敗から学ぶ ゼッタイ避けたい NG ポイント

✕ 本選びを支援しない

きちんと座って、本が読めるようになるためには、適切な選書がされていることが重要です。簡単に読み終わってしまう本は、立ち歩きの原因になってしまいます。物語や文章が苦手な子には図鑑などがおすすめです。間違い探しなどは学習面を考えると避けたいですが、発達段階によっては個別に対応してもよいかもしれません。

✕ シーンとした雰囲気を実感させない

読書などに子どもたちが集中している時には、シーンとした雰囲気になることがあります。その瞬間を捉えて「今、みんながシーンとしているこの雰囲気が、みんなが集中して、きちんと学習ができているということだよ。覚えておいて」と伝えます。この瞬間を少しずつ増やしていくことが最初のステップです。

✕ 読書以外を提示しない

読書以外にも自分で静かに学習できることを増やしていくと、クラスは一気に安定していきます。漢字練習や調べ学習を主体とした自学、絵なども選択肢に入れたいです。「遊びではない」という大義名分があればよいので、お絵描き的なことであっても、「本気で図工の技術を上げるため」であれば良いということです。

Part 3 地雷を踏むな！ありがちな生活指導と声かけ

50 一人ひとりと関わる方法とは？

毎日、一人ひとりと密に関わるのは困難ですが、一人でも多くの子と関わり、声をかけていきたいものです。教師は、こうした意識を持ち続けることと同時に、一人ひとりと関われる仕組みを作る工夫が必要です。

ANSWER

まずは意識し、自分ルールを作る

❶ 意識する
無自覚に授業をしていても、時間は過ぎていき、一日は終わります。そうならないためには「一人でも多くの子に声をかける」意識が大切です。精神論と思われるかもしれませんが、まずはその意識を強く持ち、目の前の子にしっかりと声をかけていくことが重要です。

❷ ルールを決める
必ず子どもと個別に関われる「自分ルール」を作ることがおすすめです。例えば、作品を提出させる時には必ず一言子どもに声をかける、休み時間には三人の子と少し時間をかけて話すようにする、などです。このようにルールを決めて、それを実行していくことも、大切です。

❸ データと直感を信じる
❶❷を日常的に行えるようになったら、誰に声をかけるのかということも問題になるでしょう。偏らないように座席表などに印をつけて確認しながら、実践していきましょう。また、「今、この瞬間に声をかけた方がよいだろう」という直感を信じて声をかけることも必要です。

先輩の失敗から学ぶ ゼッタイ避けたい NG ポイント

✗ 個別の対応の質にこだわる

対応の質を重視してじっくり話そうとすれば、どこまでも時間が必要になるため、質にこだわることは、個別で声をかける上でハードルになってしまいます。まずは、質にこだわらずに一対一の時間をほんの少しでも作り、一人でも多くの子と話すことを優先しましょう。まずは、何度も話しかけてくれる教師を目指すのです。

✗ すぐに終わる会話をする

教師が一方的に話すだけでも、個別対応の効果はある程度出ますので、積極的に話しかけること自体は悪くありません。ただ、それに慣れてきたら、子どもに質問をするようにします。できれば褒め＋質問がベストです。質問はイエスかノーで答えられないようなものがよいでしょう。子どもの言葉を引き出せたら、個別対応の質は一気に向上します。

✗ その子だけの時間にしない

一人ひとりに対応する時は、できるだけ一対一を意識します。その子だけのスペシャルな時間を短時間でも作ることが個別対応では大切だからです。複数人のグループに話しかける場合でも、決めた子を主役にするように話を展開できるとよいでしょう。高学年などで常にグループで行動している子の場合にはこの意識が大切になります。

Part 3 　地雷を踏むな！ありがちな生活指導と声かけ

51　やる気を促す方法は？

子どもが学習に向かうためのやる気を促すには、学習の本質的なおもしろさを与えてあげることです。子どもたちの現状を把握しながら、興味、関心を刺激するなど、様々に柔軟な手立てを講じてみましょう。

ANSWER

良質なやる気を意識しつつ、現状に応じてやる気を促す

❶ 良質なやる気
同じ「やる」でも、「怒られるかもしれないからやる」というのは、良質なやる気とは言えません。「自分のためになるから」「将来必要だから」と認識した上でのやる気が身につくと、長期的な展望を持って学習に臨めるようになります。「学習そのものが楽しい」と体感できると、やる気もさらにアップするでしょう。

❷ 子どもの段階を確認する
子どものやる気の現状を把握しましょう。まったくやる気が０の状態であれば、少し危機意識をあおることが必要かもしれません。しかし、それをやる気を見せつつある子にしてしまうと、せっかくのやる気を奪ってしまう可能性もあります。子どもの現状の確認とそれにあった手立てを考えましょう。

❸ 段階に応じて手立てを打つ
まずは、良質なやる気を促すために教材研究をしっかりと行うことが基本となります。教師自身がその教材に対しておもしろみを感じられるように授業をできることが理想です。また、長期的な展望についても少しずつ提示することでやる気を促していきたいです。段階、状況に応じて、臨機応変に手立てを打っていきましょう。

先輩の失敗から学ぶ ゼッタイ避けたい NG ポイント

おもしろみばかりを求める

やる気を与える際に、学習のおもしろみを伝えるのはとても大切です。しかし、それだけがやる気につながるわけではありません。また「おもしろくないなら勉強しない」になってしまっては、これからの学習習慣の構築に悪影響を与えることもあります。動機づけには様々な種類があることを把握しておきましょう。

子どもの状態を無視している

子どもがせっかく学習のおもしろみに気づいているのに、将来的な必要感ばかりを伝えていては、良質な動機づけが奪われてしまいます。日によって、子どもの状態は変わります。子どもをしっかりと見て、一つの手立てを講じるだけでなく、柔軟に様々試してみることが必要です。

MEMO

やる気が出る条件を整える

やる気の出る条件（環境要因）を整えることも大切です。例えば、朝の方がやる気が出やすいなら早めの時間に設定する、一人よりグループで考えた方がやる気が出るのであれば、そうするなどです。

共感しない

そもそも、大人でもやる気を出すことは難しいことがあります。子どもであればなおさらです。ですから、ほんの少しでも、学習に向かおうとする姿勢や意欲を教師は見逃さないでほしいです。仮にやる気がゼロであっても、「そういう時もある」という共感の姿勢も、次のやる気を促す上では大切です。

Part 3 地雷を踏むな！ありがちな生活指導と声かけ

52 子どもの良いところを見つけるには？

欠点や短所に注目することで見つかる場合があります。なぜなら、それらの裏側が良いところになっていることがあるからです。見つけた魅力をクラス全体に伝えて、良いところを伸ばし自信につなげましょう。

ANSWER

 良いところを見つけ、自然に周囲に広げていく

❶ 良いところを見つける

まずは、子どもの良いところを見つけます。できれば、すでに周知されている魅力ではなく、まだ誰も気づいておらず、本人さえも自覚していない魅力がよいでしょう。大人の目から見れば必ずあるはずです。普段から意識しておきましょう。

❷ 裏返して魅力化する

「リフレーム」などと呼ばれる手法のことです。例えば、「落ち着きがない」ことを「エネルギーがある」、「注意力に乏しい」ことを「いろいろなところに興味を広げることができる」というように捉えます。このような裏側を見る目は、子どもたちにこそ持たせたいです。

❸ 繰り返し伝え、自覚させる

良いところが見つかったら、それを本人や周りに自覚させましょう。その子のキャラクターの一側面として定着させるには、「○○さんって、とても優しいよね」と魅力を伝えた後、「なぜなら……」と理由を付け加えます。これを全体の前で、数回繰り返し伝えましょう。

先輩の失敗から学ぶ ゼッタイ避けたい NG ポイント

帰りの会で褒め褒めタイム

賛否両論あると思いますが、私の場合、帰りの会で子どもを褒めることが形式で終わってしまった経験があります。同じ子が何度も褒められたり、逆に均等に褒めようとすると無理が出てしまったりと、うまくいきませんでした。その経験から、自然な展開の中で、教師も子どもも認め合うことが先々に繋がると考えています。

目立たない子を取り上げない

メリットやデメリットが目立つ子はキャラクターがはっきりしているので、取り上げやすいのですが、その中間に位置する子が一定数いて、評価に苦心しました。しかし、そんな子こそ、長い時間をかけてしっかりと魅力を可視化する努力をしていきたいです。

MEMO
どんな子にも良いところはある

当然ですが、どんな子にも良いところがあります。教師が見つけたところの他に、その子の両親やよく遊んでいる友だちも良いところを知っているでしょう。そんな人たちの話を聞いてみるのも一考です。

キャラクターを押しつける

その子の魅力を発掘しようとする取り組みは良いのですが、それが子どもの負担になってしまったり、実態と合わなかったりすることもあります。子どもたちの状態をよく見て、その魅力を伸ばすことが、子どもの将来に繋がるかどうかも検討したいところです。キャラクターをいいように押しつけていないか、振り返るようにしましょう。

Part 3　地雷を踏むな！ありがちな生活指導と声かけ

53 教えるのではなく、子どもから思いを引き出す指導とは？

今までは教師のティーチング（教え込み）が主になることがありましたが、これからはそうした一方的な伝え方ではなく、できるだけ子どもの中から答えを引き出す投げかけ（コーチング）が大切になります。

ANSWER

関係を作り、追質問をする

❶ 関係を作る

まず、コーチングを始める前に大切なのは、心理的な安全性を確保することです。そのためには、子どものしていることや言っていることを認め、話を遮らずによく聴いてくれるという思いを持たせることです。このような関係が、子どもの思いを引き出す上で重要だと心得ましょう。

❷ 追質問をする

子どもの質問に対して、すぐに答えてしまう教師がいます。もちろん、授業の場面など答えが明確な時にはそれで構いませんが、生活場面や相談場面であれば、それはできる限り避けたいものです。本当に子どもが話したいことは、そのもっと深くにある場合があります。安易に答えることで子どものニーズから外れてしまうことがあるのです。

❸ 拡大質問をする

「はい、いいえ」で答えられない質問（拡大質問）をするのが追質問のコツです。これにより、できるだけ子どもの願いの真相を掘り下げていくことが重要です。もし、そのニーズがつかめたら、今度は「その中で一番気になっているのはどこ？」と、具体に落としてあげることで、真の問題に焦点化することができます。

先輩の失敗から学ぶ ゼッタイ避けたい NG ポイント

関係が作られていない

子どもの思いを引き出そうとする時に、前提となるのは子どもが安心していることです。ですから、どんなに子どもの思いを大切にしようとしていても、関係ができていなければ、子どものニーズの核心には迫れません。まずは左ページ❶で述べたカウンセリングマインドなどを大切に、子どもとの関係を作っていきましょう。

教え込むことが主になってしまう

コーチングの考えは「答えは子どもの中にある」ということが前提になります。特に児童指導においては、「生徒指導提要」の改訂も考慮すると、ますますこの考え方を大切にする必要があります。子どもが自己指導力を持てるように、教師はあくまで「支える」のだ、ということを大切にしたいものです。

拡大させた質問を収束させない

コーチングにおいては、問題の核心をつくまでは、拡大質問が大切になります。ただし、そこで終わってしまうと、とても満足度の低い面談になってしまいます。最後は「一番気になるところは？」のように問題を具体に収束させて面談を終わらせることで、満足度を担保することができます。面談の終わりには、問題の具体化を意識しましょう。

MEMO

子どもが答えを持っている

子どもが答えを持っている、というのがコーチングの基本の考え方ですが、答えの選択肢は与えておきたいところです。そして、子どもが選択肢を選ぶ際、教師が誘導しないよう注意が必要です。

Part 3 地雷を踏むな！ありがちな生活指導と声かけ

54 教師として、効果的な声の使い方は？

声のバリエーションで、話の伝わり方が変わります。「大きい・小さい」「高い・低い」「速い・遅い」など、場面や伝えたいことによって、また、子どもたちの様子も見ながら使い分けることが大切です。

ANSWER

「大・小」「高・低」「速い・遅い」を使いこなす

❶「大きな声・小さな声」
教室の隅々まで、自分の声をきちんと届けることは、教師として基本的なスキルになります。ただ、そのような声を基本とした中で、突然、声を潜めて、話をすることで子どもたちの注目を集めることができます。子どもたちの集中力を引き出したい時や強調したい時にピンポイントで使っていきたいです。

❷「高い声・低い声」
高い声を出すと、子どもたちの声に近づけることができます。ですから、一緒に遊んでいる時や楽しい気持ちを表現する時に高い声を使うと、子どもと同じ気持ちであることを表現できます。逆に、低い声は大人の声です。落ち着きや権威性を示すことで、子どもを安心させるために使うとよいでしょう。

❸「速い声・遅い声」
速い声は、テンポの良さを演出することができます。お楽しみ会や明らかにもう全員が理解していることに関しては、速い声を出すとスムーズな進行が実現します。また、そのことで聡明さを演出できる効果もあります。ただし、少しでも理解が必要な場面では、むしろ遅いくらいの声で伝える必要があります。

先輩の失敗から学ぶ ゼッタイ避けたい NG ポイント

声を圧に使う

教師の声の使い方として、一番避けたいのは、圧として使うことです。例えば、大きな声や低い声は、子どもを威圧するために使えてしまいますが、それで統制することは、その瞬間にしか効果がなく、本質的ではありません。緊急時以外にそのような使い方はしないことを心得ておきたいです。

同じ声ばかりを使う

まずは、反対の声を意識して、使うようにするとよいでしょう。普段、大きな声を出していることが多いなら、ポイントで小さな声を出してみる、遅くていねいに説明しているところで一瞬だけ速くして注目させるなどです。話し方が単調にならないようにすると、教師の言葉は子どもに届きやすくなります。

技術に頼らない

様々な声の出し方をまずは一カ月意識してみてください。一カ月行うだけで、先に紹介した六つの声を使うことが習慣になっていくでしょう。ただし、そこからが教師としての勝負です。技術を習得したからこそ、しっかりと子どもを見て、今必要な声を選択できるようにしたいものです。

Part 3 地雷を踏むな！ありがちな生活指導と声かけ

55 同僚、管理職との適切な付き合い方は？

学校では子どもたちとは別に、同僚や管理職との関係も大切になります。そこがうまくいっていると、指導上困難なことがあっても、力を合わせて乗り越えられます。職員室での付き合い方も教師のスキルなのです。

ANSWER

メリハリをつけた適度な距離感を保つ

❶ 社会人としての関係
教師はあくまで、学校に仕事をしに来ています。ですので、同僚と友だちのように仲良くなる必要はないでしょう。他の人が仲良くしていても、自分が疎外感を抱く必要はありません。ただし、業務上必要なコミュニケーションは取れる関係はキープしたいです。

❷ 仕事時間内で必要なコミュニケーションを取る
学年会などで意見を積極的にアウトプットしていく中で、自分を知ってもらうことが効率的です。社会人として、ていねいに相手と向かい合い、力を合わせる姿勢を示せば、業務上必要なコミュニケーションは実現します。家庭の事情などで、効率よく時間を使いたい教師などにおすすめの方法です。

❸ 管理職に相談する
管理職に対して、意見があったり、逆に指導を受けたりすることがあるでしょう。管理職からも応援される関係を築くためには、相談という形でコミュニケーションを取ることです。相談されることで、それなら一生懸命に関わろう、と思ってくれる人は多く、また、相談という形を取ることで、丸く収まることもあります。

先輩の失敗から学ぶ ゼッタイ避けたい NG ポイント

苦手な人と関わらない

苦手な人がいる場合、ついついその人との接触を避けたり、顔を合わせたくないと職員室ではなく教室で仕事をしたり、ということがあるかもしれません。しかし、まったくの没交渉になってしまうと業務上必要なコミュニケーションに支障が出てしまいます。私は、そのような場合「あいさつだけはていねいにする」と決めていました。

同僚とぶつかる

ある程度、自分の力がついてくると同僚と意見が違ってくることもあります。ここで、同僚とぶつかってしまうと、結果的に自分の行いたい教育ができなくなることもあります。ぶつかった時は、お互いの意見の良さに注目し、合意形成を行いたいところです。冷静さと粘り強さ、人間としての大きさを意識して、子どもの見本になりましょう。

MEMO

謙虚さが
一番の研修

教師の技術や人間としての器は、学んだだけ大きくなります。そこで大切になるのは謙虚さです。たくさんの人からいろいろなことを学ぼうとしている教師は、自分を大きく成長させることができます。

管理職に心配をかける

昨今、管理職から強い指導を受けることは少なくなってきました。ただ、心の中で諦められてしまったり、心配をかけてしまったりということはあります。社会人として、報告・連絡・相談や、ちょっとしたタイミングでの会話を大切にしましょう。管理職からの示唆には、教師としての技術や人間としての器を大きくするヒントもたくさんあります。

Part 3 地雷を踏むな！ありがちな生活指導と声かけ

56 授業や行事等での適切な振り返り方とは？

せっかく振り返りを行っていても、漠然としたものでは次に繋がりません。振り返りを次に生かすために、「教訓帰納」という認知心理学の考え方をもとにした、効果的なフィードバックの仕方をおすすめします。

ANSWER

学習内容と学習プロセスの両方で振り返りを行う

❶ 内容を振り返る

まずは、授業や行事において、何を学べたのかを振り返ることが大切です。学んだことを一言でまとめたり、汎用的な考え方について書いたりできるのが理想です。ただ、最初からそれは難しいので、まずは、選択肢を用意したり、観点を明確にしたりすることから振り返りを行いましょう。

❷ プロセスを振り返る

多くの振り返りは、学習した内容について、学びをまとめるものです。ただ、それだと、生活場面や他の学習場面に生かせないことがあります。自分がどのような学習のプロセスを辿ったのか、そこにどのような成果や課題があったのかを振り返り、蓄積していくことは後に生きるものとなります。

❸ 人に説明するように振り返る

振り返りを文章で書かせることがあると思います。ただ、これはその子の言語化能力にかなり左右されて、質が変わってきてしまいます。文章に残すパターン以外では、誰かに話す、という振り返り方法がおすすめです。また、文章にする際も「誰かに話しているつもりで書こう」という声かけが有効です。

先輩の失敗から学ぶ ゼッタイ避けたい NG ポイント

✕ 定期的に振り返らない

行ったことを振り返り、学習サイクルを回していくことは重要です。「やりっぱなし」になってしまうとせっかく良い経験をしても、将来に持っていける成果や学びが少なくなってしまいます。子どもがメタ認知力を身につけるためにも、まずは振り返りを行うことを当たり前にしたいです。

✕ 汎用的に振り返らない

振り返りは、「その時の学習だけ」ではなく、汎用的な振り返りこそメインとなります。今回の授業や行事において、普段の生活場面で使える学びはなんだったのかということをはっきりさせましょう。そのためには、学習プロセスへの言及や、そもそも普段の授業や行事について、教師がその意識を強く持つことが必要です。

MEMO

AARサイクル

学習サイクルには様々ありますが、OECDのEducation2030が提唱する「ラーニング・コンパス」にある『AARサイクル』（Anticipation【見通し】－Action【行動】－Reflection【振り返り】を繰り返す学習プロセス）も押さえておきましょう。

✕ 振り返りを蓄積、共有しない

振り返ったことが単発にならないようにするためには、過去の振り返りについて蓄積しておき、それを考慮した上で考えていくことも大切です。また、振り返りが上手な友だちの発想を学ぶことで、自分の振り返りの質も高くなります。共有しても問題ない内容については、積極的に良いモデルを紹介していきたいです。

Part 3 地雷を踏むな！ありがちな生活指導と声かけ

57 教師としての モチベーション維持の方法は？

教師は会社員ではないので、儲けや数字ではない部分でモチベーションを考える必要があります。子どもの成長や変化がモチベーションに繋がる場合もありますが、それ以外でも見つけられるようにしましょう。

ANSWER

自分の内面の成長を可視化する

❶ モチベーションに点をつけてみる
まずは、今日のモチベーションに点数をつけてみましょう。これを一カ月もやれば、点数が高い時と低い時の違いに気づけるはずです。自分はどのような時にモチベーションが高まり、どのような時に落ち込みがちになるのか、傾向を考え、それに合わせた対策を考えていくとよいでしょう。

❷ 先に動いてみる
モチベーションがあるから動くのではなく、動くからこそモチベーションが得られることが知られています。気になることや行わなければならないことがあるのだとしたら、まずはスタートのハードルをもっとも下げた状態で、「とにかく取りかかってみること」も大変重要となります。

❸ 良い師と良いライバルを見つける
お手本やライバルになる教師の存在があると、一気にモチベーションが上がります。最終的には、周りがどんな状況でもモチベーションを高めたいですが、まずは目指すべきモデルや切磋琢磨できる同僚を見つけることから始めていきましょう。

先輩の失敗から学ぶ ゼッタイ避けたい NG ポイント

✕ 教師が振り返らない

教師が毎日の振り返りを行うことで、学習内容や学習プロセスを大切にしていければと思います。これはP.122で紹介した振り返りの手法「教訓帰納」というものです。まずは、ノートに点数をつけるだけでもよいので、自らの学びを蓄積していくことでモチベーションに繋げていきましょう。

✕ ダメ出しで落ち込んでばかりいる

先輩教師にダメ出しをされて、落ち込んでしまう時もあるでしょう。ただ、ここで確認しておきたいのは、あなたの人格を否定しているのではない、ということです。指摘されたことは自分の学びとして取り入れられると捉えましょう。ダメ出しで落ち込むのではなく、むしろ「伸びしろを見つけてくれた」と思うと楽です。

✕ ずっと同じ場所にいる

ずっと同じ場所にいることで、モチベーションが低くなることがあります。たまには職場を離れ、学校教育とはまったく関係のない世界に触れることも大切です。今までになかった刺激から、新たな発想が生まれることがあるでしょう。

Part 3 地雷を踏むな！ありがちな生活指導と声かけ

58 教師としてバランスを保つには？

教師は中庸であるべきだと考えます。偏った思考は避け、子どもが柔軟に自分の道を歩んでいくことを支えるために、多くの選択肢を与えることが重要だからです。教師こそ思考の柔軟さを確保したいものです。

中庸を求める

❶ 中庸の考えを心がける

繰り返しになりますが、教師は中庸であるべきだと考えています。ただし、中庸とは単純に物事の真ん中を取ればよいというものではなく、どこが物事の「端」であるかを探り、知っておく必要があります。教師は様々な経験をして、「端」を知った上で真ん中を選んでいくのです。

❷ 学級集団の中での中庸を意識する

教師がどのような考えを学級にアウトプットするのかも、中庸が基準になると考えます。常に、極端な考えになっていないかをチェックする意識が必要です。また、学級集団としての考えが偏っている場合は、逆の意見を教師があえて伝える必要があるでしょう。

❸ 同僚の中での中庸を意識する

同僚の教師との関係も中庸を意識して、自分の立ち位置を決定していきたいものです。例えば、同僚の教師が詰め込み教育に偏っているのであれば、逆に自律学習への意識を促すような提案をしてみましょう。自分の立ち位置によって、学校の方向性も変わっていくことを意識しておきたいものです。

先輩の失敗から学ぶ ゼッタイ避けたい NG ポイント

一つの考えや人に傾倒する

中庸でいるためには、教師自身が多くの考えや人に触れる必要があります。素晴らしい理論や人物が存在しますが、それを盲目的に子どもたちに提供することは避けたいです。他の可能性を模索したり、与えたりするとしても客観的に振り返ることができるようにしたいものです。

教師が動かない

逆説的ではありますが、中庸であるためには、教師が様々に歩き回り、偏った考え方や行動を知る必要があります。そもそも何が偏りなのかがわからなければ、中庸もわかりません。教育について多くの方法論に触れるのはもちろんのこと、人としての経験もたくさん積むことが肝要です。

職員室で孤立する

職員室のバランスを見た時、自分の立ち位置が多くの教師と逆になることがあるかもしれません。そこで大切なのは、孤立しないことです。孤立してしまうと影響力が弱くなってしまい、バランスが取れず、自分としても苦しくなります。意見は違っても、孤立せず、豊かにコミュニケーションを取っていくことが大切です。

Part 3 地雷を踏むな！ありがちな生活指導と声かけ

59 漠然とした不安への対処方法は？

選択肢が一つだと、人は不安を感じやすいため、たくさんの選択肢を用意することがその解消に繋がります。指導や自分のキャリアにおいても、選択肢を多く持てるように学ぶことが自分の気持ちの助けになります。

ANSWER
選択肢を多くする

❶ 指導の選択肢を持つ

指導の選択肢がないと不安になります。例えば、児童へのアプローチで、選択肢が「怒鳴る」の一つしかなくなってしまうと、そのような指導ばかり受けた子どもの成長は停滞し、教師自身も追い込まれていくでしょう。まずは、バリエーション豊かな指導技術を多く習得することです。

❷ まずは動く

様々な指導技術を学ぶ際は、いろいろな研修会があるので、参加してみるとよいでしょう。ここで、どの研修会がよいかと吟味し始めるとなかなか動けなくなります。直感でもよいですし、例えば、「国立大学系の研修会なら確度は高い」という自分の指針でも構いませんので、とにかく「まず動く」ということを大切にしましょう。動けば不安はなくなります。

❸ キャリアの選択肢を持つ

これからもずっと教師を続けたいと思ってこの本を読んでくださっている方が多いと思います。そういう方だからこそ、他のキャリアを持つ人との交流や教師以外の仕事のスキルを身につけることにチャレンジしてほしいと思っています。そうすることで増えた経験と選択肢は、教師生活をより豊かにします。

先輩の失敗から学ぶ ゼッタイ避けたい NG ポイント

✕ 動かない

動かずにあれこれ考え続けると、段々と重苦しくなってきます。悩みそうになったら、まずは動いてみることで、多くの問題は解決に向かいます。しっかりと考えることは大切なことですが、100点主義はやめて、60〜70点くらいでも満足できるようになると、心にも柔軟さが出てきます。

✕ 寝ない

不安は、体調が万全でない時に、身を守ろうとして起こる精神状態でもあります。特に、教師は多忙ですから、気をつけないと睡眠不足になりやすくなってしまいます。体調管理、メンタル管理には、まず何よりも睡眠が大切になります。自分の睡眠時間が足りているかを常に確認したいものです。

MEMO

教師は福利厚生がしっかりしている

心身に不調をきたした時に備えて、福利厚生など使える制度を確認しておきましょう。それを知っていること自体が心身の安定に繋がることがあります。当然、万が一の場合は躊躇なく使うべきです。

✕ 休まない

不安のせいで不眠や心の疲れを感じたら、迷わず心療内科を受診しましょう。心の不調を放置すると、何年も心が蝕まれ、あなたの人生が大きく変わってしまう可能性もあります。熱が出たら病院に行くように、心についても専門家への受診が必要であることを覚えておきましょう。

Part 3 地雷を踏むな！ありがちな生活指導と声かけ

60 子どもたちに接する上での基本的な考えとは？

子どもたちに接する上で基本となる考え方は、「安心感」「認める」「ネガティブを裏返す」ことです。まずは、学校が安心できる場所であり、一人ひとりの存在が認められる場所であることを強く意識しましょう。

安心感、認める、ネガティブを裏返す

❶ 安心感を与える
マズローは人間の欲求を「生理的欲求」「安全欲求」「社会的欲求」「承認欲求」「自己実現欲求」の五つに分かれているとしました。まず、身体的な「生理的欲求」を満たすことは必須です。また、児童の命を預かっているという意識から、「安全欲求」についても充分に満たしていることを確認したいです。

❷ 認める
次に「社会的な欲求」と「承認欲求」を段階的に満たしていくことで、子どもたちが「自己実現欲求」を満たす方向へ導くことができます。まずは、子どもの良さを言語化して褒めるようにしましょう。直接的な言葉で、存在や努力を認めていることを伝えることが重要です。

❸ ネガティブを裏返す
どんなにネガティブなことがあっても、「失敗を経験できたから、もう同じ失敗はしない」「ここが底だとしたら、あとは成長するだけ」のように、いくらでもポジティブに裏返すことができます。子どもが自己実現をする上では、このネガティブをポジティブに変える投げかけが必要です。

先輩の失敗から学ぶ ゼッタイ避けたい NG ポイント

体調を気にしない

子どもたちは自分の体調の変化になかなか気づくことができません。楽しいことに熱中すると、自分の体力を越えて頑張ってしまうことがあります。これは、体育でもそうですし、日常の学級や授業でもそうです。まずは、子どもをしっかりと見ることが大切です。

褒めない

最近は、あえて褒めない、という教育手法もあるようですが、これは、その他の部分でうまくバランスが取れているから成立するものです。下手に真似をすると、子どもたちが認められていると感じにくい学級になってしまうかもしれません。まずは、子どもの良いところを躊躇なく、大量に褒められる教師を目指すとよいでしょう。

MEMO

言葉で、くくる

考え方がわかっても、何をすればよいのかわからない時、私は「言葉を発する」ことが重要だと考えています。ネガティブを裏返したい時は「だからこそ」と声に出すと、そのあとの言葉や行動がついてきます。

ネガティブに捕らわれる

例えば、学級でいじめがあったら、それ自体は辛い事実です。しかし、それを「いじめ発生」ではなく「いじめ発見」と捉え、ここから子どもたちが何を得て成長していくことができるかにフォーカスすることが大切です。未来に目を向けることが大切なのです。常に大局的な視点を持てるようにしましょう。

Part 3 地雷を踏むな！ありがちな生活指導と声かけ

61 安定した学級経営の基本となる考えとは？

安定した学級経営を行うためには、いくつか大切になる項目があります。特に、学級が安定しない四〜五月や、指導が難しいと言われている学年を受け持った時に、ぜひ試してほしい方法を紹介します。

ANSWER

短く指示、選択肢、愛情

❶ 短く指示
指示は短くすることがポイントです。落ち着かないクラスに長い指示を出せば、その間に荒れ出してしまいます。私は、一文字単位で言葉を精選することを練習し、端的で明確な指示が出せるようになりました。また、指示は視覚化と組み合わせると効果的です。

❷ 選択肢を教える
まず、教師が選択肢を提示しなければ、子どもは自分で判断することができません。「教科書は先生に借りられる」ことが明確になっているから、「先生、貸してください」と言えるのです。「自分で考えなさい」という前に、しっかりと選択肢を提示し、教えているかを確認しましょう。

❸ 愛情を持つ
陳腐に聞こえるかもしれませんが、結局、教師が本気で愛情を持っているクラスは、大変でも大崩れしないというのが持論です。子どもは、本能的な思いや行動に敏感です。本気で愛そうとしてくれる人の言葉は、時間はかかるかもしれませんが、心に浸透していきます。

先輩の失敗から学ぶ ゼッタイ避けたい NG ポイント

❌ 教師がずっと話している

説明が長いことは、荒れがちな学級で良くないことを示しましたが、逆に言えば、教師がずっと話していない状況を目指せば、学級の状態はかなり改善していきます。視覚化して常に提示する、活動をしていい枠（危険、迷惑がない状態）だけ強調する、選択肢を多くするなどをルールにすることで、子どもたちも楽しく活動できます。

❌ そもそも知らない

暴言を吐く子は、表現の手段を知らないことが多いです。他の手段の合理性を知っていれば、そちらを選ぶはずですが、家庭や学校でそれを教えられていません。ですから、まずは冷静に手段を教えることが重要です。いくつか手段がある中で、どれを選ぶとメリットが大きくなるのかを繰り返し伝えましょう。

MEMO
教師の人間性

安定した学級経営は、つまるところ教師の人間性で決まります。人間性を高めるためには、常に自分と向き合い、自分には良いところがあり、また直すべきところもある、という意識が大切になります。

❌ 無理をする

全員を愛したいと思っても、やはり相性があることは否めません。それでも、教師が無理をすると、やはりそれは子どもに伝わってしまいます。昨日より今日が少しでも愛せるようになったり、愛するために今は少し距離を取ったりなど、冷静で長期的な視点も必要です。がむしゃらに愛してみることだけが、愛ではありません。

Part **3** 地雷を踏むな！ありがちな生活指導と声かけ

62 子どもたちの学びの目的とは？

教師は学習指導や生活指導を行う根本を言語化し、理解する必要があります。また、それを保護者にも明確に伝え、子どもたちにも具体的な指導の形で伝えていくことが大切です。逆上がりを例に解説します。

逆上がりはなんのために学習するのか、を伝える

❶ 逆上がりの練習を考える
鉄棒種目の逆上がりは、多くの人が体育の授業で学習したと思います。これは何のために学習していたのでしょうか。「できる必要がある」のであれば、大人になった私たちが逆上がりを行っていなければおかしいのですが、多くの人は逆上がりを頻繁に行ってはいません。

❷ 逆上がりは無意味ではない
それでは逆上がりの練習は無意味だったのでしょうか。それは違います。逆上がりを行うためには「逆さ感覚」「支持感覚」「回転感覚」などの運動感覚が必要です。これらの感覚は、例えば、物を落とした時に拾う姿勢や育児の際の子どもとの遊びなど毎日の中で使われているものです。

❸ 数学や物理も同じ
逆上がりの技自体は行わないにしても、その感覚は毎日使っているのです。体育的なものだけでなく、数学や物理についても、その問題が解けることが大切であると同時に、そこに到達するための数量感覚や論理的思考などを身につけることが肝要ということです。これが資質・能力を身につけるということです。

先輩の失敗から学ぶ ゼッタイ避けたい NG ポイント

全員達成を求める

クラスの目標に「逆上がりの全員達成」などを掲げることは、本質とずれてしまっています。確かに技ができれば、より運動感覚を味わえますが、できなくても運動感覚の習得は可能です。全員達成を求めすぎて、次の感覚獲得の機会に臆病に（体育嫌いに）してしまっては本末転倒です。

保護者が理解しない

私は、最初の保護者会でこの逆上がりの話を保護者に提示していました。何故なら、ここを明確にしておかないと、知識や技術だけの詰込み主義の保護者がいた場合、指導方針を誤解されてしまう可能性があるからです。学級通信などでも伝えておくと、より教育のねらいとマッチしたものになるでしょう。

子ども同士が学び合わない

感覚を重視する学習をしていれば、自ずと「塾で学んだからもうやらなくていい」「学校の授業がつまらない」とはなりづらくなります。一問一答ではなく、感覚を養おうとすれば、その言語化や他者意識も重要になるからです。この本で繰り返し伝えている学び合いをさせることは感覚習得にも寄与するのです。

Part 3 地雷を踏むな！ありがちな生活指導と声かけ

63 楽しい授業の基本とは？

楽しい授業は数あれど、「これが基本」というものはありません。教材の違いや何より子どもたちの実態が違うので、「これが楽しい授業である」と断定することができないからです。それを前提として解説します。

ANSWER

隠す、ボケる、ツッコむ

❶ 隠す
子どもには隠されたものを見たくなったり、禁止されたことをやりたくなったりする傾向があります（カリギュラ効果）。授業の導入で困ったら、これを利用してみるとよいでしょう。提示するものを隠すのもよいですし、国語なら一部の言葉、算数なら数字や情報を隠してみると一気に興味づけが加速します。

❷ ボケる
これは教師があえて間違えてみる、ということです。教師が間違える（ボケる）ことで、子どもたちに安心感を与えることができます。子どもたちがボケにツッコみを入れてきたらしめたものです。ツッコミは言語化する力を育み、そこで出てきたキーワードは学びを深めてくれます。

❸ ツッコむ
「教師がボケる」はあくまで場の中心に教師がいます。少しずつそれを子どもに渡していってこそ、授業は子どもたちのものになります。教師は少しずつ下がってファシリテーターになる、例えるならテレビ番組のおもしろい司会者のような存在になるのが良いと考えています。教師がツッコむ側になった時に、子ども主体の授業が成立するのです。

先輩の失敗から学ぶ ゼッタイ避けたい NG ポイント

講義型

このスタイルは今の小学校には適しません。授業準備の余裕がなかったり、アイデアが出てこなかったりという場合でも、とりあえずはペア活動、グループ活動、学び合いなどを入れてみるとよいでしょう。活動があるだけで子どもたちの学びの方向性は変わりますし、配慮が必要な子が合法的に立ち歩ける機会も必要です。

ユーモアがない

左ページに記した３つの視点には、すべてユーモアのエッセンスが入っています。学習内容のおもしろさももちろん必要ですし、それに加えて、教師が子どもに伝えることをおもしろがり、また子どもたちがその両方のおもしろさをわかるように伝えたいものです。笑顔の多い授業は、集中力も長続きします。

教師が主役

できれば、教師は早々に主役の座から降りてほしいところです。ただし、子どもたちを強引に主役にすると、無理が出てくることもあります。明らかに苦手な子に無理やり発言させたり、見せかけだけの意見を言わせたりしても意味がありません。その辺りのバランス感覚を持ちながらも、子どもの意見を大切にするためには「ボケる」のはかなり有効です。

MEMO

間違えること

できるだけ早いタイミングで失敗することが成長に繋がると言われています。授業の中で、間違えることも同じです。だからこそ、間違いを恐れない、むしろ推奨するくらいの雰囲気を作りましょう。

Part 3　地雷を踏むな！ありがちな生活指導と声かけ

64 子どもの将来的な成長を促す行事指導とは？

行事は、教師にとっても思い入れが強いものです。ただ、その思いが強すぎると、その期間だけ力を発揮すればよい、という思考になってしまうことがあります。教師は大局的な視点を常に持っていたいものです。

ANSWER

行事のあとの成長を見据える

❶ 行事後の普段の生活の変容をゴールとする

まず、行事指導を行う前に、子どもたちに行事の目的を話します。その際、行事そのものの成功だけでなく、行事後の普段の生活がより良く変わることも大きな目的であることを強調しておきたいです。また、それは行事指導中に何度も触れ、子どもたちがそこを目指せるようにすることがよいでしょう。

❷ 良い思い出だけではもったいないと伝える

運動会や校外学習などは、楽しく、心に刻まれやすいものですが、これが「ただの楽しい思い出」に終わってしまうのはもったいないことです。行事が終わったあとに「運動会があったからこそ、最後まで一生懸命やることの大切さを学べた」「遠足に行ったおかげで、入念な準備をするとより楽しめることがわかった」など、今後を意識させたいです。

❸ 準備の最初に伝え、中盤で目標を設定する

行事後の自分の変容について目指すことは、行事準備の初め（運動会等であれば練習初日）に伝え、準備の中盤あたりまでに自分が行事後にどのような変容を目指すのかをイメージしながら活動を行います。中盤で一度それを言語化し、修正しながら、本番に向かえるとよいでしょう。

先輩の失敗から学ぶ ゼッタイ避けたい NG ポイント

勝利至上主義、成功だけにフォーカス

運動会で勝てばいいとか、行事が成功したことだけを喜ぶ、というのは子どもたちや保護者は良いですが、教師としては視野が狭すぎます。行事の先を見据えれば、結果が出なかったことや失敗も大きな財産にすることができるのです。行事はきっかけに過ぎない、と強く心得ておきたいです。

運動会後にクラスが荒れる

行事がきっかけだという思いがあれば、行事のあとにクラスが荒れるということは少なくなります。何故なら、行事のあとが本当の本番だからです。そこで力を発揮するために行事があるのだということを強く意識させ、結果主義に陥っていないかどうか、行事中に何度も確認していきたいものです。

MEMO
振り返りの質を高める

振り返りで問題になるのは、その質です。それを上げるには、共有することと話し言葉で伝えることの二つの方法があります。モデルになる振り返りをしている子の真似をさせるのも一つの方法です。

振り返りを残さない

上記のことを伝え続けることは大切ですが、やはりそれだと個人ごとの意識の差が大きくなることがあります。振り返りシートを用いることで、意識の足場を揃えることができます。あくまで、本番は行事のあとだということを、シート上でも可視化して示しておけると効果的でしょう。

Part 3 地雷を踏むな！ありがちな生活指導と声かけ

65 授業参観の心構えとは？

保護者の目があるイベントは緊張してしまうことがあるかもしれません。しかし、普段の様子を保護者に知ってもらえるチャンスです。教師や子どもたちが大切にしていることを伝えられるようにしましょう。

ANSWER

 まずは笑顔、普段の様子を見せる

❶ まずは笑顔
授業参観でとても緊張していた時に、「教師は笑顔でいればいい。保護者は主に子どもを見ている」と助言をもらったことがあります。まずは教師が笑顔であることで、保護者は安心します。そして、授業の細かい内容や失敗というよりは、クラス全体がどんな雰囲気で、その中で自分の子がどう関わっているのかを見ています。

❷ 普段の様子を見せる
授業参観が「発表会」などになってしまうと少しもったいないと感じます。普段のクラスの雰囲気や自分の子の関わり方を保護者に見てもらうことができなくなるからです。発表会の一時間前を授業参観として設定するとよいでしょう。

❸ ハイライトを見せる
では、普段とまったく同じ授業でよいか、と言われれば、そういうわけでもありません。普段の授業の雰囲気の中で、より多くの子が自由に動けたり、今までの授業の学びを生かせたりする内容であれば、保護者の安心材料になるでしょう。普段の授業の形を維持しながら、内容については子どもたちが生き生きと活動できるものを選定したいです。

先輩の失敗から学ぶ ゼッタイ避けたい NG ポイント

✗ 準備を入念にしない

普段の様子を見てもらう機会だからこそ、入念に準備を行いたいものです。準備をしっかり行うことができれば、緊張しすぎることもなくなります。単元準備の段階で、計画的にどこを授業参観に当てるかを考えながら、少しずつ内容の精選を始めていくことが大切であると言えるでしょう。

✗ 普段の授業を意識しない

せっかく、常時活動や学び合いをやっているのに伝わらない内容になっている、話し合いが魅力のクラスなのにそのような場面を入れ込んでいないなど、普段の良さを伝えられない授業では、せっかくの機会が無駄になってしまいます。クラスの長所を積極的に伝える内容にしましょう。

✗ 保護者ありき

授業参観に来られる家庭もあれば、来られない家庭もあります。その中で、保護者ありきの活動を行ってしまうと寂しい思いをする子が出てしまい、保護者からの信頼を失ってしまうかもしれません。特別なイベント以外は、「あくまで普段の学習を見せる機会」と捉えておくのがよいでしょう。

おわりに

　この本を手に取られている方の中には、現在、苦しい状況にある方もいるかもしれません。

　私も同じようにうまくいかない時がありました。その時には、本書にも示したように少し自校を離れ、他の学校の先生と交流をしたり、教職についていない友だちの意見を聞いたりしました。そして、モチベーションが下がった時には、筑波大学附属小学校を訪れ、見事な授業を参観し、「あれが自分のなりたい教師だ」「自分もそうなろう」と志を新たにしていました。

　皆さんの周りにも、教師ではなくても、**憧れの存在**はいるかもしれません。そのような人を見つけることも、希望を持つ一つとなるでしょう。その人は自分と能力は違うかもしれませんが、よくよく接すると、あなたと同じように努力をして、悔しい思いをして、進んできたことがわかるかもしれません。

　そして、**一番は子どもたちの存在**です。クラスがどんな状態であっても、あなたのことを大好きで、あなたの授業や言葉かけを待っている子がいるはずです。また、反発している子もあなたという存在があるから、今の行動や思いを経験し、先の人生の糧にしていくことができるのです。あなたがそこにいることが大切なんだということも考えてみるといいかもしれません。

　ただ、心が風邪をひいてしまった場合には、無理をしないでください。今は、気軽に心療内科もかかれますし、教師は福利厚生が充実していることもメリットの一つです。まずは、あなたが元気でいることが大切で、**あなたの人生が輝けばそれを子どもはモデルにします**。また、疲れてしまった時に適切に休みを取るということも含めて、子どもたちはその姿を見ているはずです。

　この難しい時代に教師を選ばれたことを尊敬いたします。困ったことがあれば、いつでも気軽に下記よりご連絡ください。

令和7年2月　熱海　康太
jetatsumi@yahoo.co.jp

【著者プロフィール】

熱海 康太（あつみ・こうた）

コアネット教育総合研究所 横浜研究室主任研究員。公立小学校、私立小学校で15年以上教壇に立ったのち現職。教員時代から執筆、セミナー講師として、自身のメソッドを伝える活動を積極的に行う。主な著書に『心が折れない教師』『学級通信にも使える！ 子どもに伝えたいお話100』『伝わり方が劇的に変わる！ 6つの声を意識した声かけ50』（東洋館出版社）、『「明るさ」「おだやかさ」「自立心」が育つ自己肯定感が高まる声かけ』（CCCメディアハウス）、『学級経営と授業で大切なことは、ふくろうのぬいぐるみが教えてくれた』（黎明書房）、『駆け出し教師のための鬼速成長メソッド』（明治図書出版）、『こどもモヤモヤ解決BOOK もふもふ動物に癒されながら、みんなの悩みをスッキリさせる159のヒント』（えほんの杜）などがある。

誰も教えてくれない「基本のもっと基本」
教師1年目の学級経営

2025年2月10日　初版第1刷発行

著　者　熱海 康太
発行者　鈴木 宣昭
発行所　学事出版株式会社
　　　　〒101-0051　東京都千代田区神田神保町1-2-5
電　話　03-3518-9655（代）
https://www.gakuji.co.jp

編集担当　　　　　　　保科 慎太郎
カバー・本文イラスト　イクタケ マコト
カバー・本文デザイン　研友社印刷株式会社デザインルーム
印刷・製本　　　　　　研友社印刷株式会社

©Kota Atsumi, 2025　Printed in Japan
ISBN978-4-7619-3043-1
落丁・乱丁本はお取替えします。